멘탈을 관리해야
인생이 달라진다

당신을 뜨겁게 응원합니다!

멘탈을 관리해야
인생이 달라진다

| 루나 지음 |

굿모닝미디어

성장하고 원하는 대로 이루려면?

세상을 긍정적으로 바라보면 감사와 사랑, 풍요로운 마음이 점점 더 커질 것입니다. 그런데 힘든 순간이나 예기치 못한 상황을 마주하면 대개 부정적이기 쉽습니다.

"왜 저래?"

"어떻게 나한테 그럴 수 있어?"

"왜 하필 나한테 이런 일이⋯⋯."

원하는 바를 이루기 위해 '긍정 확언'이나 '심상화'를 하면서도, 불쑥불쑥 부정적인 생각이 튀어나오기도 합니다.

"설마 내가 되겠어?"

"내가 할 수 있을까?"

"진짜 되는 거 맞아?"

"이거 안되면 어떡하지?"

그러한 생각 자체를 없애려고 애쓰면, 오히려 더 떠오르게 됩니다. 부정의 에너지는 긍정의 에너지보다 훨씬 강력한 영향을 미치기 때문입니다.

　그럼 긍정적인 마음 상태를 유지하려면 무엇이 필요할까요?
　먼저 긍정적인 상태를 방해하는 적의 실체를 알아차려야 합니다.
　방해꾼인 마인드와 에고, 생각의 실체를 알게 되면, 그것들이 작동하려는 순간을 알아차려 부정적인 상태에 휘말리지 않을 수 있습니다. 그러면 부정적인 마음으로부터 해방될 수 있습니다.
　그런데 과거에 형성된 생각이나 감정의 찌꺼기들이 내면에 많이 쌓여 있으면, 긍정의 마음 상태를 유지하기 어렵습니다.
　이는 마치 냉장고 안에 썩은 음식은 그대로 둔 채, 새 음식을 채워 넣는 것과 같습니다. 그러면 그나마 신선한 것들도 썩은 음식의 영향으로 금세 상하게 됩니다. 냉장고 안에 새 음식들을 채워 넣기에 앞서, 냉장고 청소가 먼저입니다. 그것이 바로 '내면 청소'이자 '정화'의 시작입니다.
　과거의 상처와 아픔, 원망, 후회 등으로 현재의 삶이 얼룩져 있거나 아직도 그것들을 고스란히 간직하고 있나요? 그렇다면 상처와 아픔을 인정하고, 그와 관련된 것들을 용서하고 치유하며 내려놓는 과정이 필요합니다.
　'내면 청소'는 평생 해야 합니다. 주기적으로 집 청소를 해줘야 하듯, 살다 보면 늘 치울 것이 생기게 마련입니다. 그런데 고통이

나 부정적인 감정의 찌꺼기가 아예 생기지 않길 바라는 사람들이 있습니다. 이는 마치 집 안에 먼지가 생기지 않길 바라면서 먼지가 들어올까 봐 문을 열지도 못하고, 먼지가 생길 때마다 짜증을 내는 거와 같습니다. 먼지는 생길 수밖에 없고 닦아내면 되는 것처럼, 우리의 내면도 꾸준히 닦으며 관리하면 됩니다. 더러워지는 것이 문제 될 건 없습니다. 그것이 문제라고 생각하는 자체가 문제일 뿐입니다.

내면을 깨끗한 상태로 정비해야 부정적인 생각과 감정에 휩쓸리지 않고 초연해질 수 있습니다. 긍정적인 상태에 몰입할 때 삶이 새로이 펼쳐지고 풍요로워집니다. 그러면 세상이 자신을 이끌어주고 보호해준다는 느낌이 가득 차오르게 됩니다.

당신이 과거부터 지금까지 줄곧 해오던 대로만 살면, 성장이 멈춰 현재처럼 계속 살아가게 됩니다.

당신이 삶에 변화를 원한다면, 기존의 생활 습관을 던지고 새로운 방식으로 살아가야 합니다. 당신의 본성을 바꾸라는 것이 아닙니다. 자신의 본성대로 살아가되, 삶을 바라보는 방식과 받아들이고 해석하는 방식, 상황에 반응하는 방식의 변화가 필요합니다. 인식을 전환하고 삶을 대하는 태도를 새롭게 정비하여 스스로 삶을 일궈나가야 합니다. 그것은 누가 대신해줄 수 없습니다.

자기 계발, 삶의 태도, 마음공부, 시크릿, 부와 풍요 등에 관한

책이나 글, 강의 등을 꾸준히 접해왔음에도 여태껏 만족스러운 변화가 없다면, 이제는 더 깊이 자신을 알아가고 제대로 공부하는 시간이 필요합니다. 자기 자신을 바르게 아는 것으로부터 변화가 시작됩니다.

당신의 내면에서 지금 무슨 일이 일어나고 있는지, 당신은 알고 있나요? 당신 스스로 내면을 들여다보고 알아차리는 연습을 통해, 자신을 진심으로 사랑할 수 있고 자존감을 높일 수 있습니다. 내면의 근육을 단단하게 단련할 수 있습니다.

멘탈을 관리하면 인생이 달라지기 시작합니다. 저와 함께 원하는 삶을 누릴 수 있는, 내면 탐색 과정에 동행해보세요. 멘탈이 강해지고 삶의 방식이 바뀔 것입니다. 인생을 다음 단계로 도약시킬 수 있습니다.

이 책은 당신이 원하는 것을 이루도록 의식 성장의 길을 안내합니다. 부를 쫓지 않고도 부를 따라오게 하는 방법을 공유합니다. 당신이 자신의 본성대로 살아가면서 스스로 삶을 가꿀 수 있도록 도울 것입니다.

마음, 에고, 생각, 감정의 실체에 대해 이해를 도울 것입니다. 당신은 이를 통해 상처를 치유하고 스트레스를 관리할 수 있습니다.

또 내면 여행을 하는 동안, 나침반 역할을 할 질문들을 제시합니다. 이를 통해 당신은 자신의 내면을 들여다볼 것입니다. 자신을 제대로 이해하는 순간을 맞이할 것입니다. 치유와 성장의 시간을 가질 것입니다. 가장 당신답게, 풍요롭게 살아가는 방법들을 터득하게 될 것입니다.

1~3장은 삶을 어렵게 하는 것들이 무엇인지, 삶에서 당신은 어떤 존재인지를 알아가는 시간입니다. 평소 우리의 생각은 진실이 아니라는 것을 알아가는 과정, 자신을 힘들게 하는 생각들을 내려놓는 과정, 부정적인 감정이나 에너지를 비워내는 과정에 대해 알아봅니다. 이를 통해 당신은 '에고'를 알아차리고, 당신의 생각을 비우고, 당신의 감정과 에너지를 정화하고, 당신의 마음을 치유할 수 있습니다.

4~7장은 가장 당신다운 삶의 태도로 풍요롭게 사는 과정에 대해 알아봅니다. 영적, 정신적, 신체적, 감정적, 정서적, 물질적, 관계적, 직업적, 환경적 영역들을 종합적으로 균형 있게 관리할 것입니다.

그리고 원하는 바를 초연하게 의도하되, 결과에 집착하지 않고 세상에 내맡기는 '시크릿'에 대해서도 알아봅니다.

이 책으로 멘탈 관리를 위한 셀프 훈련을 할 수 있습니다. 의식을 성장시켜 삶이 풍요로워지는 지침서로 활용할 수 있습니다.

이 책을 통해 '있는 그대로'의 자신을 알아가는 기쁨이 일상이 되면 좋겠습니다. 자신과 현실을 마주할 용기를 얻어 앞으로 나아가면 좋겠습니다. 당신이 이전보다 더 편안해지고 자유로워지길 기원합니다.

저는 25년간 저만의 답을 찾는 여정을 걸었고, 그 답을 이 책에 담았습니다. 살면서 겪은 굴곡진 경험들은 저에게도 성장의 밑거름이 되었습니다. 이때 배운 사랑과 감사는 남은 여정을 계속할 수 있는 원동력이 되었습니다.

당신도 당신만의 해답을 찾길 바라며, 이 책이 그 과정의 일부가 되면 좋겠습니다. 이 책과의 인연으로 당신이 평안해지고 풍요로워지길 기원합니다.

자신으로 살아가길!
사랑으로 충만하길!
자유롭고 행복하길!

2023년 4월
루나

질문의 힘

올바른 질문은 자신의 삶을 올바르게 이끌어주고 무한한 가능성을 열어줍니다.

본문에서 잠시 멈추어 자문할 의미 있는 질문은 아래와 같이 담았습니다. '질문 테라피'는 치유와 마음 청소를 위한 '비움' 테라피, 나다운 성장을 이끄는 '세움' 테라피, 삶에서 다차원 풍요를 누리게 할 '채움' 테라피 등의 내용을 담은 것입니다.

요즘 당신을 힘들게 하는 상황은 무엇인가요?
그 상황에서 당신은 어떻게 반응하나요?

질문을 통해 자신의 내면을 충분히 들여다보면서, 자신을 진정으로 수용하고 사랑하는 시간이 되길 바랍니다. 질문에 대하여 일지 형태로 꾸준히 작성해도 좋습니다. 자신을 이해하고 자기만의 답을 찾아가는 여정이 되면 좋겠습니다.

모든 것은 내면으로부터 시작됩니다.

(이 책을 통해 당신이 얻고 싶은 것은 무엇인가요?)

차례

3. 정화야~ 내면 청소를 부탁해!

1. 마음의 집

마이클 싱어는 우리가 생각과 감정을 끌어모으고,
그것을 한데 엮어서 관념의 세계인 마음의 구조물을 구축하고
그 안에서 살아간다고 말했습니다.

그리고 그 마음 너머에 바로 내면의 자유가 있습니다.

헌 집 줄게, 새집 다오!

우리는 누구나 마음의 집을 짓고 살아갑니다. 그 집에는 다양한 색채의 방이 있습니다.

'난 이런 사람이야'라고 규정하는 자아의 방.

관념, 신념의 방.

중요하고 소중한 것들의 방.

경험, 추억의 방.

상처, 미움, 후회의 방.

소망, 갈망, 꿈의 방, …….

"나는 괜찮은 사람이야. 이럴 땐 이렇게 해야지. 나는 자존심이 중요해. 이런 경험, 저런 기억들이 있어. 그때 참 행복했었어. 그때 너무 힘들었어. 그때 왜 그랬을까? 나는 부자가 되길 원해. 나는 좋은 사람이 되고 싶어⋯⋯."

그곳은 수많은 생각과 믿음, 감정, 느낌, 기억 등으로 가득 차 있습니다. 누군가 그것들을 건드리면, 당신은 마음의 집을 커튼으로 가려 다른 사람들이 눈치채지 못하도록 만들 것입니다. 마음의 집이 무너지지 않도록 지키려고 애쓸 것입니다.

마음의 집을 만들고 그것을 지키는 존재는 누구인가요? 바로 당신 안의 '에고'입니다.

> 당신의 마음의 집은 무엇으로 지어져 있나요?
> 각각의 방 안에는 어떤 것들이 있나요?

마음의 집은 당신을 행복하게 하나요? 만약 마음의 집이 당신을 힘들게 한다면, 그것을 새롭게 바꿀 수 있습니다.

> 당신을 옭아매고 고통스럽게 하는 것은 무엇인가요?
> 무엇 때문에 힘들어하고 있나요?

당신이 부여잡고 있는 바로 그것을 내려놓을 때, 자유롭게 됩니다. 물론 한 번에 내려놓고 해탈하는 사람도 있겠지만, 대부분은 쉽게 되지 않습니다. 고통스러운데도 그것을 놓고 싶어 하지 않습니다. 왜 그럴까요? 자신의 존재가 사라질 것 같은 두려움을 느끼기 때문입니다. 그러나 그 상실의 두려움을 느끼는 존재는 '에고'

입니다.

'에고'를 놓아버릴 때 진짜 내가 드러납니다. 커튼으로 가려진 어두운 집을 나서면 찬란한 햇빛을 마주하는 것과 같습니다. 이 모든 사실을 이해하더라도, '에고'를 내려놓기는 너무나 어렵습니다. 이미 수십 년간 에고가 작동하는 방식으로 살아왔기 때문입니다.

기존의 방식에서 벗어나 새롭게 변화하려면 많은 에너지를 필요로 하기 때문에, 우리의 뇌는 늘 하던 대로 하고 싶어 합니다. 새로운 방식이나 변화에 따른 어려움을 겪고 싶지 않아 저항하기도 합니다. 그래서 습관을 바꾸는 일은 매우 어렵습니다.

'에고'를 내려놓는 연습을 꾸준히 해보세요. 새로운 신경망이 형성되어 그것이 새로운 습관으로 정착될 수 있습니다. 그래야 진짜 자신으로 진정성 있게 살아가게 됩니다.

(당신은 어떤 방을 새롭게 바꾸고 싶나요?)

'난 잘하는 사람이어야 해'라고 자신을 규정하는 사람은 뭔가를 잘하지 못할 때마다 누군가를 미워하거나 상황을 탓합니다. 또는 자책하거나 후회합니다.

"사람들이 도와주지 않아서 내가 이 일을 잘할 수 없었어."

"그 사람이 나를 폭발하게 만들어서 내가 일을 망쳤어."

"회사가 부당하게 일을 많이 시켜서, 그 일을 잘할 수 없었어."

"난 바보같이 왜 그랬을까? 왜 잘하지 못했을까?"

이런 상황이 반복되다 보면, 잘하지 못하게 만드는 요소들 때문에 전전긍긍하게 됩니다. 그러한 요소들이 발생하지 않도록 일일이 통제하려고 애쓰기도 합니다. 그만큼 삶은 피폐해집니다.

당신은 어떠한가요. 자신을 규정하고 지키느라 힘들진 않나요?

우리는 최선을 다할 뿐, 완벽할 필요는 없습니다. 완벽 추구가 일의 완성도를 높일 수는 있습니다. 반면에 행복한 삶을 누릴 기회를 잃어버릴 수도 있습니다.

최선을 다하는 과정에서 경험하고 배우는 그 자체가 가치 있는 건 아닐까요? 잘해야 한다는 생각을 내려놓고 '최선을 다하되, 결과는 있는 그대로 받아들이자! 나에게 과정 자체가 의미 있어. 그래, 하나씩 배워나가는 거지.'라는 마음으로 임해보세요. 그러면 삶이 훨씬 편안해집니다.

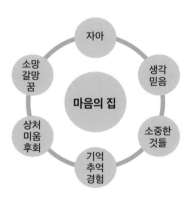

멘탈을 관리해야 인생이 달라진다

우리는 자신을 힘들게 하는 것들을 마음 안에 품고 살아갑니다. 마음의 집 안에 어떠한 것들이 있는지 충분히 들여다보며 자신을 알아가는 과정이 필요합니다. 자신을 힘들게 만드는 것이 무엇인지 인식하게 되면, 내려놓을 것은 내려놓고 새로이 바꿀 것은 바꿀 수 있게 됩니다. 그러면 삶이 한층 더 가벼워집니다.

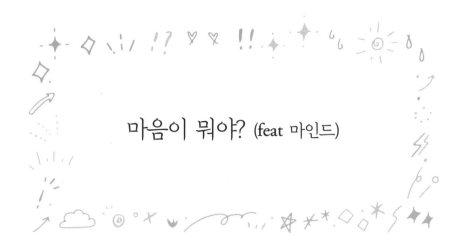

마음이 뭐야? (feat 마인드)

치유, 성장, 부를 끌어당기는 내면 여행은 '마음'에 대한 이해에
서 시작합니다.

'마음'이라는 말에는 참으로 다의적이고 다차원적인 의미가 담
겨 있습니다. 그래서 같은 언어지만 서로 다른 의미로 쓰이는 경
우가 많습니다. 특히 책마다 '마음'이란 단어의 의미가 조금씩 달
리 쓰여, 의미를 파악할 때 혼동이 생기기도 합니다.

마음을 나타내는 한자는 '심(心)'입니다. 옛날 사람들은 심장이
뛰는 동안 마음이 존재한다고 생각해서 심장 모양으로 상형문자
를 만들었습니다. 실제로 동양에서는 '마음'이 심장이나 가슴을
뜻할 때가 많습니다.

우리가 무의식중에 표현하는 '마음'은 가슴, 느낌, 감정, 의지 등

을 뜻할 때가 많습니다. "마음에 들어, 마음이 아파, 마음이 내키지 않아." 우리가 일상에서 자주 쓰는 표현들입니다.

마음을 나타내는 영어 단어는 'Heart'와 'Mind' 두 가지입니다. 'Heart'는 심장, 가슴, 감정, 사랑 등을 뜻하고 한자 '心'과 유사합니다. 'Mind'는 정신, 사고방식, 생각 등을 뜻합니다.

뇌과학이 발달하면서 마음은 뇌와 관련하여 생각하고, 뇌과학에서의 마음은 'Mind'를 뜻합니다. 서양에서 사용하는 마음은 주로 'Mind'인 정신 작용을 뜻합니다.

마음은 사람의 성격이나 품성을 말하기도 합니다. "그 사람은 참 마음이 넓어. 상대방의 상황이나 입장을 먼저 생각하고 배려하는 것 같아." "마음이 좁아, 마음이 고와." 우리는 일상에서 이런 표현을 합니다.

이외에도 철학, 정신의학, 심리학, 종교 등에서 마음에 대해 말합니다. 그러나 아직 '마음'에 대해 모르는 것이 많습니다.

Mind 정신, 사고방식, 생각 등

Heart 심장, 가슴, 감정, 사랑 등

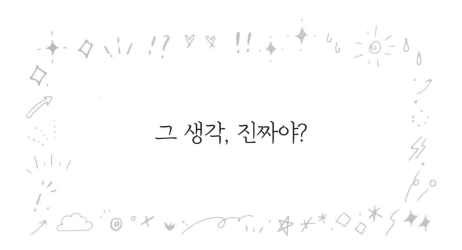

그 생각, 진짜야?

발달 심리학에 따르면, 대략 7세 이전에는 의심 없이 정보를 받아들일 가능성이 큽니다. 어릴 적 보고 듣고 접한 것들이 진실이라고 믿기 쉽습니다. 그렇게 무의식적으로 흡수한 정보는 자신의 정서나 신념 등 성격을 만들어, 커서도 세상을 바라보고 해석하는 방식이 됩니다. 그리고 자신의 방식이 옳다고 굳게 믿게 됩니다.

어린 시절 "내가 너 때문에 힘들어 죽겠어. 넌 왜 제대로 하는 게 하나도 없니?"라는 말을 자주 들었던 사람이 있습니다. 그러면 자신을 제대로 하는 게 없고 부모를 힘들게 만드는 쓸모없는 존재라고 치부하게 됩니다. 살아가면서 실수하거나 실패하거나 잘해내지 못할 때마다 그런 생각을 무의식적으로 강화하게 됩니다.

"내가 그렇지, 뭐! 역시 난 쓸모없는 존재야……."

그런데 정말 쓸모없는 존재가 있는 걸까요? 우리는 모두 귀한 존재입니다. 그런 생각은 결코 진실이 아닙니다. 풀 한 포기, 나무 한 그루, 곤충 한 마리도 각각 존재 이유와 의미가 있습니다. 모든 것은 각자의 자리에서 빛납니다. 하물며 사람은 어떠할까요? 모든 생명은 존재만으로도 귀하고 가치 있습니다.

우리 안에는 터무니없는 믿음이나 생각이 있습니다. 그것들이 정보를 왜곡시키거나 자신을 고통스럽게 만들어버립니다.
당신 안에는 어떠한 터무니없는 믿음이 있나요?
앞으로 이어질 내면 여행에서, 자신 안에 존재하는 진실이 아닌 생각이나 믿음을 찾아볼 것입니다. 그것들을 알아차리고 내려놓을 때, 당신은 자유롭고 평화롭게 됩니다.

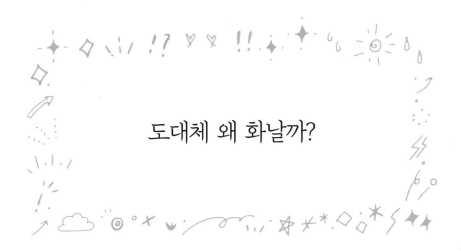

도대체 왜 화날까?

우리는 많은 스트레스 상황 속에서 살아가고, 너도나도 화를 내곤 합니다. 도대체 왜 화가 나거나 부정적인 감정이 생기는 걸까요?

'화'의 사전적 의미는 '몹시 못마땅하거나 언짢아서 나는 성'입니다. 그렇다면 왜 못마땅한 걸까요?

나에게 'A일 때는 B를 해야 한다'는 고정관념이 있다면, 누군가가 'A일 때 B가 아닌 C를 하면' 못마땅해서 화나게 됩니다.

신혼 초에 어떤 부부가 치약 짜는 일로 싸웁니다. 한 사람은 밑에서부터 차근차근 짜야 한다고 생각하고, 다른 사람은 아무 데나 짜서 쓰면 된다고 생각합니다. 그럼 일정 시간이 지나면 누가 먼저 화를 내게 될까요? 밑에서부터 치약을 짜야 한다고 생각하는 사람이 가운데를 푹 눌러 짠 것을 계속 보게 되면, 어느 날 화가 폭발하게 됩니다.

사람마다 생각은 다 다릅니다. "내가 남편에게 마음을 100% 주면, 남편도 내게 마음을 100% 줄 거야!" 이런 생각으로 마음을 다 하면, 상대가 마음을 100% 주지 않는 것처럼 느낄 때마다 서운함, 섭섭함, 실망이 생겨나고 그것이 화나 분노, 미움으로 변하게 됩니다. 자기 생각, 기대, 소망대로 되지 않으면 화, 서운함, 섭섭함, 미움, 원망 등의 감정이 생겨납니다.

누구나 자신의 내면에 화가 나도록 하는 생각이나 믿음이 존재합니다. '자신이 옳다는 생각, 그래서 그 생각대로 되어야 한다는 믿음' 말입니다. 이것을 진정으로 이해하게 되면, 많은 고통이 해소됩니다.

세상만사 반드시 자신이 생각하는 대로 되어야 할까요? 자기 생각이 반드시 맞을까요? 자신이 옳고, 그 생각대로 반드시 되어야 한다고 굳게 믿는 것은 굉장한 오만입니다.

"내가 맞아, 내가 옳아, 그러니 내 생각대로 되어야 해."

"내가 갈망하는 대로 이루어져야 해."

그 생각과 믿음을 내려놓을 때 편안해지게 됩니다.

요즘 당신을 화나게 하는 상황은 무엇인가요?
그 상황에서 어떻게 되기를 원했나요?
그 바람 안에는 어떤 생각이 있나요?

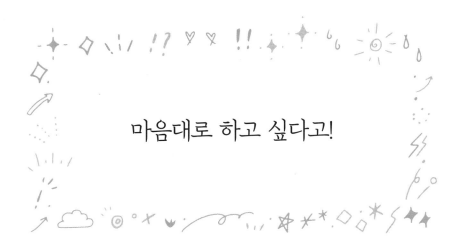

마음대로 하고 싶다고!

자기 마음대로 하고 싶은 주인공은 바로 '에고'입니다.

데이비드 호킨스는 '에고란 자기라는 환상을 유지하려는 실체'라고 말합니다. 내가 '나'라고 느끼는 실체를 말합니다. 그런데 그 '나'라고 느끼는 실체는 진짜가 아닌 '허상'입니다.

'자기'라고 믿는 것이 사실은 실체가 아닌 환영임을 인식하고 그 상태로 깨어있을 수 있다면, 그것이 소위 말하는 '깨달음'입니다. 그러나 우리는 대개 '나'라는 존재에 집착합니다. '나'라고 믿고 있는 그 존재와 하나가 되려고 합니다.

'에고'는 자기에게 의미 있고 중요하다고 생각되는 것들로 이루어져 있습니다. 생각, 믿음, 기억, 경험, 감정, 몸, 자신에게 소중한 것들, 상처, 고통, ……

'에고'는 그것들을 지키기 위해 경계하고 방어합니다. 누군가 그것들을 건드리면, 공격한다고 여겨서 더더욱 견고하게 지키려고 애씁니다. 그것들이 무너지면 자존심이 추락하게 되고 자기가 사라질지 모른다는 두려움을 느끼게 됩니다. 그러면 결국 진짜 자신을 기만하게 됩니다.

어떤 이가 회사 일을 하면서 실수를 했습니다. 그런데 누군가 그것을 말하면, 자존심을 지키기 위해 그것을 인정하지 않습니다. 발끈하며 상대를 깎아내리거나 상황을 탓하기도 합니다.

'에고'는 모든 것을 통제할 수 있다고 믿습니다. 자기가 옳다고 정당화합니다. 자기 생각대로 되어야 한다고 믿습니다.

'에고'는 자기중심적이며 이기적입니다. 자기라고 생각하는 것들에 집착하고, 그것을 잃을까 봐 두려워합니다. 자기가 갈망하는 것을 얻기 위해 애를 씁니다.

학창 시절에 친구들과 어울리지 못해 힘들었던 상처가 남겨진 사람이 있습니다. 그러면 다른 자리에서도 자신의 의견을 솔직하게 말하지 못합니다. 잘 어울리지 못할까 봐, 혼자 남게 될까 봐 두려워서 그렇습니다. 마음에도 없는 말을 하거나 환심을 사려고도 합니다. 그러나 이러한 일상이 반복되다 보면, 외로움과 공허함이 커지고 마음이 힘들어집니다.

당신의 '에고'는 어떤 모습인가요? '에고'가 어떤 상황에서 어떻게 하는지 관찰해보세요. 그러면 진정한 자신으로 돌아갈 수 있게 됩니다.

'에고'가 주체가 되어 무엇인가를 선택하면 자기 자신을 기만하게 됩니다. 진짜 내가 선택할 때, 자기답게 살아가며 자신의 길로 나아갈 수 있습니다.

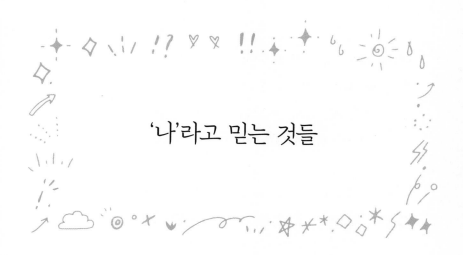

'나'라고 믿는 것들

불교에서 말하는 '아상(我相)'이란 '나'라고 믿는 것입니다. '아상'은 일시적인 인연으로 모여서 이루어진 자기를 영원한 실체라고 착각하여 집착하는 것입니다.

이 세상에 영원한 것은 없습니다. 그런데 우리는 어떤 '상(相)'을 정해놓고 그것이 변하지 않을 거라고 굳게 믿는 경향이 있습니다. 그것을 자신이라고 굳게 믿으며 그 모습을 지키고자 애쓰기도 합니다. 자신의 것이라고 믿는 다른 무엇인가에 집착하기도 합니다.

어떤 것을 부여잡고 집착하면 고통이 따라옵니다. 꽉 쥔 것을 풀어내고 마음의 틀에서 벗어날 때 자유롭게 됩니다.

어떤 이는 '난 좋은 사람이야'라는 상을 정해놓고, 좋은 사람이 되고자 애씁니다. 그러면 자신을 함부로 대하는 사람에게조차 좋은 사람이 되려고 애쓰며 상처받게 됩니다.

　서로 존중하는 관계에서 배려하는 것은 아름답지만, 무조건 좋은 사람이 되려고 애쓰지는 마세요.

　우리는 일상에서 '나에게 돈은 너무나 소중해'라는 상을 정해놓고, 돈을 잃을까 봐 전전긍긍하기도 합니다. 돈에 너무 달라붙어 돈과 자신을 동일시하며 집착하면 힘들어집니다.

　돈은 잘 사용하여 순환하도록 하면 됩니다. 필요한 만큼 고맙게 벌고, 감사하게 써보세요.

　'자식은 내가 사는 유일한 이유야'라는 상을 정해놓고, 자식과 동일시하기도 합니다. 그러면 부모와 자식 모두 힘들어집니다. 자식은 내가 아니고, 나는 자식이 아닙니다. 만약 부모의 생각대로 자식이 행동하길 원한다면, 그것은 부모의 인생이지 자식의 인생이 아닙니다.

　만약 자식이 조언을 요청한다면, 자신의 의견을 말해주세요. 그리고 자식 스스로 선택할 수 있도록 허용해주세요. 각자의 인생을 서로 존중할 때 더불어 행복할 수 있습니다.

　당장 '아상' 전체를 없앨 수는 없습니다. 하지만 당신은 자신을 힘들게 하는 집착을 부여잡고 고통스러울 것인지, 그것을 놓아주고 편안할 것인지, 순간순간 선택할 수 있습니다.

생각, 믿음, 기억, 감정, 몸, 소중한 것 등이 진짜 내가 아니라는 것을 알게 되면, 당신은 언제라도 그것들을 놓아주고 흘려보낼 수 있을 것입니다.

당신은 어떠한 '상'을 가지고 힘들어 하나요?
당신은 누구(무엇)를 자신과 동일시하고 있나요?

마인드는 진실을 알 수 있을까?

"보이는 세상은 실재가 아니다."
_카를로 로벨리

마인드는 감각의 지각, 언어, 학습, 종합, 판단, 추론, 창조, 상상 등의 정신 작용을 합니다. 그러나 인간의 감각, 지각, 인지, 기억 등은 한계가 있습니다.

인간은 가시광선을 볼 뿐 적외선, 자외선은 볼 수 없습니다. 들을 수 있는 소리의 파장 또한 다른 동물들과 다르며, 들을 수 없는 파장이 존재합니다. 우리가 보고 듣는 것은 진실의 일부이고, 그마저도 왜곡되어 받아들이기 일쑤입니다. 인간은 한계지어진 범위 내에서 자신만의 방식으로 지각합니다.

인간의 기억 또한 믿을 수 없습니다. 우리는 주어지는 정보를 다 처리하지 못하고, 그것의 일부만을 처리하여 받아들입니다.

인간은 실제 세계가 아닌, '자신에 의해 구성된 내면세계'를 경험합니다. 같은 상황을 함께 겪어도, 각자 생각이 다르고 의미나 해석이 다르며 기억도 다를 수 있습니다. 우리는 세상을 바라보면서 사건, 대상 등을 자신의 감각, 경험, 지식에 기반하여 생각하고 해석하며 가치를 부여합니다.

세상 자체가 아닌, 그것의 일부나 왜곡된 형태의 내면세계를 경험하기에, 우리가 세상 자체를 경험한다고 말할 수는 없습니다. 그래서 이러한 지각과 인지 등의 매체인 마인드는 진실을 알지 못합니다. 그저 진실에 더 가까이 다가가고자 노력할 뿐입니다.

그러하기에, 우리는 겸허해질 수 있습니다. 누구나 언제라도 오해하거나 잘못 알 수 있으며, 사람마다 생각하거나 받아들이는 방식도 다르다는 걸 인정할 수 있습니다. 열린 마음으로 세상을 살아갈 수 있는 것입니다.

갈등 상황에서 자기만 옳다고 주장할 것이 아니라, 상대의 다름을 인정해보세요.

서로 의견이 다른 상황에서, 상대방의 의견이 일리 있음을 인정하는 것이 마치 자신의 의견은 틀렸다고 인정하는 것 같아 자존심이 상하기도 합니다. 그러나 더 큰 맥락에서 보면 두 의견 모두 일리 있을 수 있습니다. 인생의 정답은 수학에서처럼 반드시 하나로 정해져 있는 것이 아닙니다.

"사람마다 생각은 다를 수 있지!" 하며 마음을 여는 것이 시작입니다. "내 생각은 이러한데, 너의 생각은 그렇구나. 그렇게 생각할 수도 있겠어." 하며 서로 인정해주세요. 생각이 같아야만 친구가 되는 것이 아니라, 서로의 의견 자체를 존중해야 진정한 친구가 되는 것입니다.

물론 의견을 하나로 모아 무엇인가를 결정해야 한다면, 의견을 서로 조율해야 할 것입니다. 그럴 땐 인정할 것은 인정하고 양보할 것은 양보하는 열린 마음으로 소통해보세요.

2. 마음아, 왜 힘들어?

"있는 그대로를 받아들임으로써 판단을 중지하는 순간,
당신은 실제로 마음에서 해방됩니다."

_에크하르트 톨레

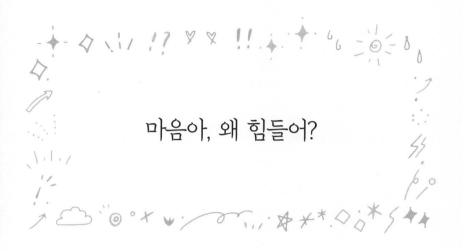

마음아, 왜 힘들어?

우리는 살아가면서 힘든 순간들을 만납니다. 계속 힘들어하고 싶은 사람은 없을 것입니다. 그런데 왜 고통에서 벗어나기 어려울까요?

주변에서 힘들어하는 사람을 제삼자의 눈으로 바라보면, 그 사람이 왜 힘든지 대개 보입니다. 그런데 정작 자신이 힘든 상황에 빠지게 되면 어떤 상황인지, 무엇 때문에 힘든지 잘 모릅니다.

우선 어떤 상황이든 인정하고 약간의 거리를 두어 객관적으로 바라볼 필요가 있습니다. 그리고 사람마다 힘든 이유는 다르기에, 스스로 마음을 들여다보며 자신이 무엇에 걸려 힘이 드는지 진정으로 이해해보세요. 힘든 이유를 알아차리면 치유가 일어나고 내려놓기가 좀 더 쉬워집니다.

자신을 힘들게 하는 마음의 감옥에서 계속 고통스러울 것인지, 마음의 걸림을 놓아주고 해방될 것인지, 스스로 선택해 보세요.

마음은 왜 힘들까요?

당신은 몸과 마음이 진짜 자신이라고 믿고 있나요?

몸이 자기라고 믿으면, 그 몸이 병들고 늙고 죽는 것에 대한 고통이 생겨납니다.

마음의 작용인 생각, 느낌, 감정, 기억 등이 자기라고 믿고, 그것들에 집착하면 힘들어집니다.

몸과 마음에서 한 발짝 떨어져 그것들이 어떻게 작동하는지 지켜보세요.

당신은 어떤 생각이 진실이라고 믿고 있나요?

어떤 생각을 진실이라고 믿게 되면, 그 생각을 벗어나는 상황을 용납하기 어려워집니다. 그러면 스트레스를 받으면서 마음이 힘들어집니다.

자기 생각이 정말 진실인지 들여다보세요.

당신은 자신의 뜻대로 되어야만 한다고 믿고 있나요?

자신의 뜻대로 되어야만 한다고 믿으면, 그렇게 되도록 애쓰면서 힘들어집니다. 자신이 원하는 무엇인가를 소유하거나 성취하려는 것이 과도하게 중요해지면, 그렇게 되지 않을 때 마음이 고통스러워집니다.

우리는 삶을 통제할 수 없습니다. 최선을 다하면서 마음의 힘을 빼보세요. 그러면 마음이 한결 가벼워집니다.

당신은 간절하게 갈망하는 욕구가 있나요?

결핍을 채우고 싶은 욕구, 사랑받고 싶은 욕구, 인정받고 싶은 욕구, 성공하고 싶은 욕구 등이 충족되지 않을 때 고통이 생겨납니다. 결핍에 초점을 맞추고, 자신이 아닌 것으로부터 욕구를 채우려고 하면 채워지지 않아 마음이 공허해집니다.

결핍이 아닌 풍요로움에 초점을 맞추어보세요.

당신은 현실을 '있는 그대로' 수용하나요?

현실을 '있는 그대로' 인정하지 않고 저항하거나 회피하면, 삶이 점점 더 어려워집니다. 마음은 현재를 받아들이지 않고 과거나 미래로 분주하게 움직이려고 합니다. 과거의 기억과 아픔, 미래에 대한 걱정과 두려움, 불안 등으로 고통을 자아냅니다.

현재에 머무르면서, 일어나는 일들을 그대로 인정해보세요.

당신은 삶에 어려움이나 고통이 생기지 않길 바라나요?

누구나 살면서 어려움을 마주하게 됩니다. 어려움 자체가 문제가 아니라, 그것이 문제라고 생각하는 것이 바로 문제입니다. 어려움은 지혜로워질 가능성이기도 합니다.

어려움을 성숙과 도약의 기회로 맞이해 보세요.

당신은 마인드의 생각으로 의사결정을 하나요?

마인드는 자신이 어떻게 살아야 하는지 진실을 알지 못합니다. 생각으로 계산하여 무엇인가를 결정하게 되면, 자신의 길에서 벗어날 수 있습니다.

'머리가 아닌 가슴 뛰는 삶을 살라'는 말처럼, 내면의 느낌을 존중해보세요. 그러면 진정한 기쁨을 누리게 됩니다.

당신은 에고가 작동한다는 것을 인식하나요? 자신의 감정에 대해 편안한가요?

에고와 감정에 휘둘리면서 그것을 알아차리지 못하면 고통스러워집니다.

에고가 작동하면 감정이 생겨납니다. 에고가 진짜 자신이 아님을 알고 에고가 발동하는 순간을 알아차려 보세요. 그러면 에고가 힘을 잃게 됩니다.

감정을 '있는 그대로' 수용하고 느껴서 흘려보내세요. 그러면 감정이 사라지고 마음이 편안해집니다.

당신은 진정한 자신으로 살아가나요?

자신을 사랑하면서 자기답게 사는 것이 아니라 부모, 학교, 사회, 가족, 연인 등이 요구하는 모습으로 살아갈 때 마음이 힘들어집니다. '아상'을 지키고자 애쓸 때 마음이 답답해집니다.

진정한 자신을 사랑하고 존중해주세요.

당신은 올바른 태도로 살아가고 있나요?

세상은 자신을 비춰주는 거울과 같습니다. 삶을 올바르지 못한 태도로 대할 때, 세상도 똑같이 그것을 되비춰주기에 힘들어집니다. 특히 남 탓, 상황 탓, 불만 등의 부정적인 태도는 삶을 점점 더 어렵게 만들어버립니다.

현실을 '있는 그대로' 바라보고, 올바른 태도로 삶을 대해보세요.

이러한 것들이 이 책에서 다루는 주제들입니다. 앞으로 더 자세하게 알아볼 것입니다. 이 밖에도 마음을 힘들게 하는 이유가 존재할 것입니다.

(당신이 힘든 이유는 무엇인가요?)

우리의 마음이 힘든 것은 어떤 사건이나 상황, 사람 때문이 아닙니다. 그 경험을 받아들이고 처리하는 자신의 방식 때문입니다.

내가 옳아! (그러니 내 말대로 해!)

자신이 옳다고 생각하는 덫에 빠지면 오만해져서 자기 생각을 강요하거나 다른 사람을 무시하는 경향을 띠게 됩니다.

나이가 들면서 자신이 성공했거나 옳았던 경험이 많은 사람일수록 이 덫에 빠지기 쉽습니다.

'내가 옳다'는 생각의 이면에는, '내가 맞으니까 내 생각대로 해야 한다'는 믿음이 있는 것입니다. 그러면 주변 사람들에게 자기 생각을 강요하게 되고, 그들을 은연중에 무시하게 됩니다.

그리고 자신의 생각대로 이루어졌던 경험이 많을수록 점점 더 자기가 옳다는 생각이 강화되어 종국에는 고집스러운 꼰대가 되어버립니다. 이런 사람들이 자주 하는 말이 있습니다.

"이 상황에서 이렇게 하는 것은 너무 당연한 것 아냐?"

"이럴 땐 당연히 이렇게 해야지!"

"어떻게 그 상황에서 그럴 수 있어?"

자신이 중요하다고 여기는 권력, 지위 등을 지켜야 한다는 생각의 덫에 빠지면, 자기 생각을 우기는 경향성을 띱니다.

이런 경우에 다른 사람들이 자기 생각대로 움직이지 않으면, 자신을 무시한다고 여깁니다. 그러면 자신과 자신의 위치를 지키기 위해 점점 더 자기 생각을 강요하게 됩니다. 진짜 꼰대가 되는 것입니다. 다른 사람의 말은 듣지 않고 자기 얘기만 하며, 자기 생각대로 해야만 한다고 우기는 사람이 됩니다.

이러한 사람들은 직장 상사, 부모님, 교사, 정치인 등 기성세대 중에서 무수히 많습니다. 그런 그들에게는 두려움이 내재되어 있습니다.

"내가 부장인데, 사람들이 내 말을 안 따르면 내 직책이 위협받을지도 몰라. 이 회사에서 내가 쫓겨나게 될지도 몰라."

"내가 교사인데, 학생들이 내 말을 안 따르면 내 권위가 무너질지도 몰라. 내 권위를 지키려면 내 말을 듣게 해야 해."

"내가 엄마인데, 아이가 내 말을 안 따르면 내 권위가 무너질지도 몰라. 아이가 점점 더 나를 무시하게 될지도 몰라."

두려움 자체가 나쁜 것만은 아닙니다. 두려움은 생존의 기반이 되거나 발전할 수 있는 원동력이 되기도 합니다. 다만 자신에게 어떠한 두려움이 있는지 인지하고, 두려움에 압도되어 잘못된 선택을 하는 것은 아닌지 경계하면 됩니다.

두려움의 실체가 무엇인지, 그것을 어떻게 내려놓을 수 있는지는 앞으로 계속될 내면 여행에서 더 알아보겠습니다.

(당신에게는 어떠한 두려움이 있나요?)

모든 기성세대가 꼰대가 되는 것은 아닙니다. 전자의 경우처럼 성공했거나 옳았던 경험이 많은 사람이라면, 꼰대가 아닌 현명하고 지혜로운 어른이 될 가능성 또한 존재합니다.

당신은 평소 어떤 말을 더 많이 하거나 듣나요?

"내가 맞으니 내 말대로 해!"

"내 생각은 이러한데, 네 생각은 어때? 넌 어떻게 하면 좋겠어?"

누군가 조언을 구할 때, 자기 생각을 말하고 상대방의 생각과 선택을 존중한다면, 어른으로서 존경받게 됩니다.

{ 당신은 어떠한가요?
당신의 주변은 어떠한가요? }

만약 당신의 주변에 있는 꼰대로 인해 당신이 고통받고 있다면, 그 사람에게는 어떤 두려움이 있는지 관찰하고 숙고해보세요. 그리고 그 사람의 두려움을 인정해주고 연민을 느껴보세요. 물론 당

멘탈을 관리해야 인생이 달라진다

신의 고통이 너무나 커서 상대를 생각할 여유가 없다면 억지로 할 필요는 없습니다. 모든 일은 적당한 때가 있으니, 그러할 땐 먼저 자신을 돌보면 됩니다.

우리는 살아가면서 "이게 맞아. 그건 틀려. 이렇게 해야 해. 그렇게 하면 안 돼. 내가 옳아." 등의 판단을 합니다. 그런데 그러한 분별이 바로 자신을 힘들게 만듭니다. 왜냐하면 세상은 그 생각대로만 돌아가는 것이 아니기 때문입니다.

'맞다, 틀리다'라는 분별이나 판단을 내려놓을 때, 마음이 평온해집니다.

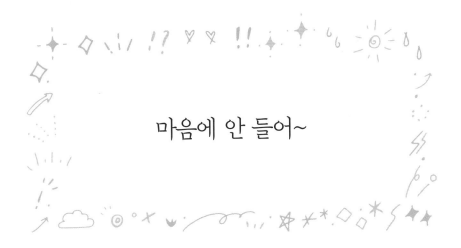

마음에 안 들어~

평소 '왜 저래?'라는 말을 무의식적으로 내뱉으면서 불만을 터뜨리는 습관이 있다면, 알아차려야 합니다. 왜냐하면 부정적으로 반응하는 악순환의 고리에 걸려든 것이기 때문입니다.

그럴 땐, 휴식하거나 마음의 여유를 가질 필요가 있습니다. 몸이 힘들고 마음의 여유가 없으며 스트레스가 많을수록 점점 더 불만이 커지게 되어 삶이 부정적인 색채를 띠게 됩니다.

불만은 미워하거나 무시하는 마음입니다. 누군가의 말이나 행동이 마음에 들지 않는다면 '내 마음에 들도록 사람들이 말하거나 행동해야 한다'는 생각이 앞서 있는 것입니다. 자신이 원하는 대로 하지 않는 사람을 무시하거나 미워하는 것입니다.

또는 '내가 옳다'는 생각으로 누군가를 무시하며 불만을 가질 수도 있습니다. 운전할 때 '나처럼 해야 한다'라는 생각의 틀로 운전자들을 바라보며 무시하기에, 불만이 생기고 화가 나는 것입니다.

"왜 저래? 이런 상황에서 왜 나처럼 못하는 거야?"

"어이가 없네. 나처럼 못하고 왜 저렇게 버벅대는 거야?"

그런데 내가 남들처럼 무조건 해야 할 필요가 없듯, 남들도 나처럼 해야 할 이유는 없습니다. 내가 사람들 마음에 반드시 들어야 하는 것이 아니듯, 남들 또한 내 마음에 꼭 들어야 할 필요도 없습니다. 남들이 나처럼 하지 않거나 내 뜻대로 하지 않는다고 해서, 습관적으로 불평, 짜증, 화를 내고 있지는 않은지 돌아볼 필요가 있습니다.

부정적으로 반응하는 것은 자신과 주변 사람들에게 매우 강력한 영향을 미칩니다. 맑은 물에 흙탕물이 떨어지면 물 전체가 탁해지는 것과 같습니다.

흙탕물이 튀는 순간을 알아차려 흙탕물을 걷어내고 맑은 물을 부어야 하는 것처럼, 자신이 부정적으로 반응하려 할 때, 그 순간을 알아차리고 정신을 차려야 합니다.

"아, 내가 부정적으로 반응하려는구나. 정신 차리자! 사람마다 다 다를 수 있지. 나처럼 할 필요는 없지. 그럴 수 있어."

자신의 마음이 맑은지, 흙탕물이 튀고 있는지 관찰해보세요. 자신도 세상도 '있는 그대로' 존중하고, 현실에 감사하며 맑은 상태를 유지해보세요. 그러면 삶이 달라지기 시작합니다.

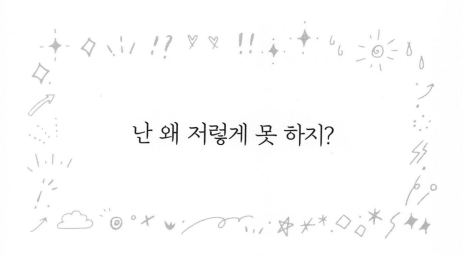

난 왜 저렇게 못 하지?

우리는 어릴 때부터 비교에 익숙합니다. 가정에서는 엄친아, 엄친딸, 형제자매, 사촌, 친구 등과 비교되고, 학교에서는 성적, 인성 등으로 비교되고, 사회에서는 학벌, 집안, 재력 등으로 비교됩니다. 서열이나 승패를 결정하는 것에 익숙하여 자신도 모르게 비교하는 습관이 생기는 것입니다.

비교는 불행의 늪으로 가는 지름길입니다.

"난 왜 저 사람처럼 못 하지?"

"저 사람은 왜 저래? 왜 나처럼 못 하지?"

비교로부터 열등감이나 우월감이 나옵니다.

자신을 비하하면 열등감을 느끼게 됩니다. 열등감에 기반한 자존감은 자신을 부끄럽게 여기면서 미워하게 만듭니다.

자신을 과대평가하면 우월감을 느끼게 됩니다. 우월감에 기반한 자존감은 자기보다 잘난 사람이 나타나면 언제든 무너지게 됩니다. 그러면 자존심이 무너질까 봐 불안함과 두려움을 느끼게 되고, 그것을 지키기 위해 애쓰게 됩니다.

당신은 비교하는 자신을 알아차리나요?
얼마나 자주 비교하나요?

우리는 타인에게 빼앗긴 시선을 자신에게로 가져와야 합니다. 비교를 멈추고 자족감과 감사함에 집중해 보세요.

만약 열등감이 느껴진다면, 아주 작은 것이어도 좋으니 오늘 하루 스스로 칭찬할 것들을 찾아보세요.

'제시간에 출근한 나, 칭찬해.'

'오전에 열심히 일한 나, 칭찬해.'

'친구에게 안부를 전한 나, 칭찬해.'

'가족에게 따뜻한 말을 한 나, 칭찬해.'

'나를 위해 산책한 나, 칭찬해.'

'오늘도 책 읽은 나, 칭찬해.'

'감사한 것 3가지를 찾은 나, 칭찬해.'

'나에게 칭찬해주는 나, 칭찬해.'

자신을 존중하고 감사하며 만족하는 삶을 살아보세요. 작은 성취를 이루며 성장해보세요. 그러면 자연스레 열등감이 사라지게 됩니다.

만약 우월감이 느껴진다면, 오늘 하루 감사한 일들을 찾아보세요. 우리는 모두 존귀한 존재임을 상기하고, 주변 사람들의 장점을 찾아 인정해주세요. 사람들을 존중하며 스스로 겸손해지면, 사람들로부터 진정으로 인정받게 됩니다.

우리는 각자 참으로 독특한 존재이기에 사람마다 다른 것은 당연합니다. 각자의 다름을 수용하고 존중하며, 존재 자체를 사랑해보세요. 사회의 시선이나 다른 사람의 기준으로 자신을 평가하지 마세요. 자신을 '잘했다, 잘못했다' 판단하지 말고, '있는 그대로' 인정해주며 존재로서 귀하게 여길 때, 자신을 진정으로 사랑하게 됩니다.

(당신은 자신을 진정으로 사랑하나요?)

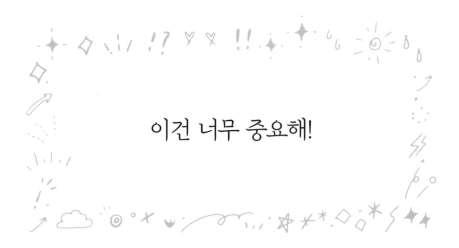

이건 너무 중요해!

어떤 것에 중요한 의미를 부여하고 집착하면 애만 쓰게 될 뿐, 잘 이루어지지 않습니다. 설령 이루어지더라도 힘겨운 과정이 되거나 씁쓸해지게 됩니다.

"난 중요한 사람이어야 해."

"이 일은 꼭 이루어져야만 해."

직장에서 '난 중요한 사람이 되어야 해'라고 규정하게 되면, 일 중독에 빠지기 쉽습니다. 게다가 누군가 자신의 지위나 자존심을 건드리면 휘청거리거나 분노하기 쉽습니다.

왜 중요한 사람이 되고 싶나요?

유능하다고 인정받고 싶나요?

괜찮은 사람이라고 인정받고 싶나요?

좋은 사람이라고 인정받고 싶나요?

유능하거나 대인관계가 좋거나 평판이 좋아야 중요한 사람이 될 수 있다고 생각하면, 그렇게 되기 위해 애쓰면서 힘들어집니다.

'어떤 것이 너무나 소중해'라고 여기게 되면, 그것을 지키기 위해 애쓰면서 힘들어집니다.

"이 사람이 내게 너무 소중해."

"이것이 내게 너무 소중해."

사랑, 행복, 건강, 가족, 친구, 돈, 집, 자동차, 명품, 음식 등 무엇인가를 너무 소중하다고 생각하여 집착하면, 그것 때문에 마음의 균형이 무너져 힘들어집니다. 자기 자신으로 살지 못해 생기는 고통이나 영혼의 공허감을 달래기 위해 무엇인가에 집착할수록, 오히려 영혼은 더 피폐해집니다.

자신이나 어떤 것을 지나치게 중요하게 여기고 있다면, 의도적으로 마음의 힘을 빼고 중요성을 내려놓아 보세요.

당신에게는 무엇이 중요한가요?

당신이 무엇인가를 원한다면, 그 자체를 원한다기보다 그것을 통해 어떠한 상태가 되기를 원하는 것입니다.

부자를 원한다고 해서 돈 많은 불행한 사람이 되고 싶지는 않을 것입니다. 돈을 통해 부유하고 풍요로우며 자유로운 상태를 원하는 것입니다. 그로 인한 성취감, 행복함, 만족감, 기쁨 등을 원하는 것입니다. 그러나 무엇인가를 소유해야만 행복한 것은 아닙니다.

당신은 무엇을 원하나요?
그것을 통해 어떠한 상태를 진정으로 원하나요?

과거로! 미래로!

　마음은 현재를 '있는 그대로' 받아들이지 않기 위해 과거나 미래로 분주하게 움직입니다. 이러한 시간의 덫에 걸리면, 고통에서 헤어나기 어려워집니다.

　우리는 과거에 대한 기억이 진실이라고 굳게 믿는 경향이 있습니다. 그러나 과거에 기반하여 현재를 바라보면, 현재를 온전하게 볼 수 없습니다.

　첫인상으로 사람을 판단하게 되면, 그것에 부합되는 말이나 행동을 볼 때마다 그 생각을 강화하게 됩니다. 첫인상이 좋지 않았던 사람이 나에게 친절하면 뭔가 나쁜 의도가 있는지 의심하게 되고, 나에게 무관심하면 사회성이 없다고 치부해버립니다. 과거에 정해진 정보에 기반하여 그 사람을 바라보고 판단하는 것입니다.

"그럼 그렇지. 저 사람은 원래 그런 사람이야."

"내가 뭐라 했어. 처음부터 이상했다니까."

또한 과거에서 벗어날 수 없다는 비합리적인 신념을 가지면, 과거를 부여잡느라 힘들어집니다. 현재의 고통이 자신 또는 타인 때문이라고 비난하면서, 미움, 원망, 후회, 슬픔, 괴로움, 죄책감 등에 빠지게 됩니다. 그것이 자신을 병들게 만듭니다.

"어떻게 나한테 그럴 수 있어."

"그 사람 때문에 너무 괴로워."

"내가 왜 그랬을까…….”

"나 때문에 그 사람이 힘들어졌어."

자신을 힘들게 한 누군가를 계속 원망하면서 살아가는 사람이 있습니다. '그 사람 때문에 내가 이렇게 됐어'라는 생각은 그 과거에 계속 자신을 머물게 만들고, 고통의 감옥에 묶어버립니다. 과거가 현재를 잠식하게 됩니다. 그러나 그 생각이나 원망으로 나아지는 것은 없습니다. '왜 하필 나에게 이런 일이……' 이 같은 생각은 자신에게 전혀 도움 되지 않습니다.

이미 일어난 일은 돌이킬 수 없습니다. 그저 일어난 일을 인정하고 자신의 감정을 그대로 수용해주세요. 그래야 치유가 시작됩니다.

우리는 미래를 기대하거나 걱정하는 경향이 있습니다. 현재의 고통을 벗어나기 위해 '지금과 다른 미래'를 갈망하기도 합니다.

"난 이렇게 되고 싶어."

"난 이 일을 꼭 이루고 싶어."

"이것을 갖고 싶어."

현실을 외면하고 그저 그것을 벗어난 망상을 하는 것입니다. 이는 현재를 인정하면서 긍정적인 방향으로 나아가는 것과는 다릅니다.

마음이 미래에 머물 때, 아직 일어나지 않은 일을 걱정하면서 불안, 초조, 두려움을 만들어냅니다.

"내가 살아남을 수 있을까?"

"내가 잘할 수 있을까?"

"이것을 얻을 수 있을까?"

"이 일이 안 이루어지면 어떡하지?"

"내가 원하는 대로 안 되면 어떡하지?"

미래에 대한 불안감이 커질 때 불안함에 빠져들지 말고, 지금 해야 할 일이나 할 수 있는 일에 집중해 보세요. 그러면 불안감이 해소됩니다. 몸을 움직이거나 무엇인가에 몰입하면 걱정이나 잡념이 사라지게 됩니다.

시험 기간에 시험을 망칠까 봐 지나치게 걱정하며 불안해하는 사람은 정작 공부에 소홀합니다. 걱정하거나 불안해하지 말고, 지금 해야 할 공부를 집중해서 하면 됩니다.

현재에 머무르면서 '있는 그대로'를 판단 없이 받아들이면 마음이 편안해집니다. 마음은 언제라도 과거나 미래로 분주하게 움직이니, 과거의 고통이나 미래의 걱정에 머무는 순간을 알아차리고 현재로 돌아오세요. 지금 내면에서 일어나는 생각, 느낌, 감정, 반응 등을 '있는 그대로' 지켜보며, 현재에 깨어 있으세요.

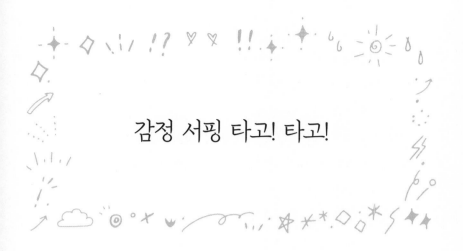

감정 서핑 타고! 타고!

우리의 내면에는 저마다 무의식적으로 설정해 놓은 관념이나 신념이 존재합니다. 이것들에 자신을 끼워 맞춰 살면 부정적인 감정들이 생기게 됩니다. 자신도 모르게 이미 설정해 놓은 생각으로 모든 것을 재단하는 것입니다.

"나는 이런 사람이다."

"나는 이런 사람이어야 한다."

"이런 상황에서는 이렇게 해야 한다."

"나에게 이렇게 해줘야 한다."

자신이 지키고자 하는 생각을 방해하는 사람이나 상황을 만나게 되면, 그것이 용납되지 않아서 화, 분노, 원망, 미움, 서운함, 섭섭함, 후회 등의 감정이 생기게 됩니다.

'난 사람들에게 인정받아야 해'라며 자기규정을 하는 사람은 어떻든가요. 직장에서 인정받기 위해 궂은일을 도맡아 하고 최선을 다해 일합니다. 어느 날 상사가 "이 기획안은 설득력이 부족해. 이거밖에 못 하나?"라고 질책하면, 그 사람은 인정받지 못했다는 좌절감을 느낍니다. "내가 어떻게 했는데, 나한테 이렇게 말할 수 있어? 내가 얼마나 열심히 했는데……." 하며 억울함을 느낍니다.

그런데 항상 하는 일마다 인정받아야 한다는 것은 매우 비합리적인 신념입니다. 그럴 때도, 아닐 때도 있는 법입니다. 자신이나 타인에게 너무 엄격한 잣대를 들이대면 많이 힘들어집니다.

우리는 누구나 사는 동안 수많은 감정을 느낍니다. 감정은 살아 있기에 느끼는 것입니다. 감정은 문제가 있거나 잘못된 것이 아닙니다. 불안이나 두려움은 생존이나 인식을 위해 필요한 감정이기도 합니다. 감정 상태가 좋을 때도 있고, 안 좋을 때도 있는 것은 당연합니다. 슬퍼도, 화나도, 괜찮지 않아도 괜찮습니다.

사실 감정은 감정일 뿐입니다. 긍정적이거나 부정적이라는 것은 인간의 판단일 뿐, 좋고 나쁜 감정이라는 것은 없습니다. 그런데 우리는 항상 좋은 상황이 있기를 기대합니다. 대개 긍정적인 감정은 좋아하며 환영하고, 부정적인 감정은 싫어하며 외면하려고 합니다.

우리는 기쁜 일이 있을 때 자연스럽게 기뻐합니다. 그렇다고 그 기쁨이 평생 이어질 것도 아닙니다. 기뻐할 만큼 기뻐하면 지나가기 마련입니다. 부정적인 감정도 마찬가지입니다. 느낄 만큼 느끼면 지나갑니다. 그런데 화가 나면 속 좁은 사람처럼 보일까 봐 화 나지 않은 척합니다.

어떠한 감정이든 '있는 그대로' 인정하고 충분히 느끼면 지나갑 니다. 기쁠 때 기뻐하는 것처럼, 슬플 때도 슬퍼하면 됩니다. 슬퍼 해도 됩니다. 잘못된 것은 없습니다. 슬퍼해도 괜찮습니다. 지금 까지 슬픔을 느끼지 않으려고 했기 때문에 어색하거나 두려울 수 있지만, 생각하거나 판단하지 말고 그저 '있는 그대로' 인정하고 느껴보세요. 어떠한 감정이든 억누르거나 외면하거나 창피해하거 나 자책하지 마세요.

"아, 지금 화나는구나."

"아, 지금 서운하구나."

어떤 감정이 생길 때, 그것을 느낄 만큼 충분히 느끼지 않으면 우리 몸에 그 에너지가 남아서 아프거나 힘들게 됩니다.

감정은 파도와 같습니다. 감정 느끼기는 서핑하는 것과 비슷합 니다. 어떤 파도가 오든 파도를 느끼며 서핑하면 됩니다. 큰 파도 는 좋은 것이고, 작은 파도는 나쁜 것일까요. 그저 오는 대로 즐기 면 됩니다. 바다에서 파도가 생겨나는 것은 자연스러운 일이고, 그것은 그저 흘러가는 것입니다. 이렇듯 인간에게 감정이 일어나 는 것은 당연한 일이고, 이 또한 지나가는 것임을 수용하게 되면 마음이 한결 편안해집니다. 어떠한 감정도 좋거나 나쁜 것이 아닙 니다. 감정에 겁먹지 말고, 그저 자신에게 찾아온 감정을 인정하 며 느끼고 잘 보내주세요.

친밀한 사람이 갖는 감정에 공감해준다는 것은 그 사람의 감정 자체를 온전하게 수용해주는 것일 뿐, 그것을 똑같이 느껴야만 하는 것은 아닙니다. 연인이 직장에서 꼰대 상사에게 잔소리를 들어 무척 스트레스를 받고 화난 이야기를 꺼냅니다. 그러면 "화났구나. 그런 상황에서 화나고 힘들었구나. 지금은 마음이 어때?"라고 말하며 공감해주세요.

누군가 일으킨 감정의 영향으로 자신까지 흥분할 필요는 없습니다. 타인의 감정은 그의 감정일 뿐, 내가 감당할 필요는 없습니다. 타인의 감정은 나 자신과 분리해보세요.

"이 감정은 그 사람의 감정이야. 내 것이 아니야."

방귀를 뀌면 소리와 냄새가 생기듯, 어떤 생각, 믿음, 기억 등을 부여잡아 에고가 작동하면 감정이 생겨납니다.

감정이 지나간 후, 내면을 들여다보면 자신에게 어떤 에고가 있는지 인식할 수 있습니다. 그러면 비슷한 상황에서 에고가 다시 작동하는 순간을 알아차릴 수 있고, 부정적인 감정 반응의 습관에서 벗어날 수 있습니다.

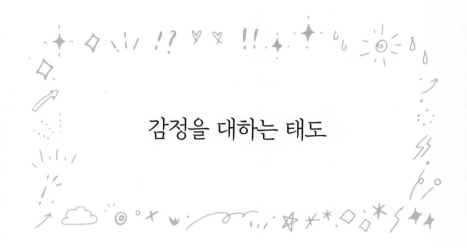

감정을 대하는 태도

우리는 자신의 감정을 각자 다르게 대합니다. 감정을 회피하거나, 감정에 푹 빠져서 헤어나오지 못하기도 합니다. 또는 감정을 '있는 그대로' 편안하게 수용하기도 합니다.

예를 들어 사실은 화나지만, 화나지 않는 척합니다. 성숙하고 괜찮은 사람으로 보이고 싶어서 화나는 감정을 숨기려고 합니다.

또 누군가 자신을 힘들게 하면, 그 사람을 원망하느라 아무것도 하지 못합니다. 몇 날 며칠이고 원망과 미움에 푹 빠져 있습니다.

또는 자신에게 일어나는 감정을 '있는 그대로' 인정하고 수용합니다.

(당신은 감정을 어떻게 대하나요?)

감정은 억지로 억누를 수 없고, 그런다고 사라지지도 않습니다. 반면에 감정에 푹 빠지면 점점 더 증폭되어 감정의 수렁에서 나오기 어려워집니다.

감정을 '있는 그대로' 인정하고 느끼는 연습을 해보세요. 심호흡하면서 분별하지 말고 그저 느껴보세요.

"내가 지금 슬프구나."

"나는 지금 친구를 원망하는구나."

......

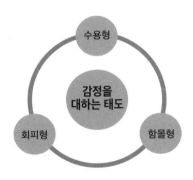

요즘 우울해…

우리는 상황에 따라 다양한 페르소나로 존재하기도 합니다. 이때의 페르소나는 '타인에게 보이길 원하는 나의 모습'입니다. 다른 사람들의 기대나 사회적 요구에 부응하여 살아가는 모습이므로, 가면을 쓰고 있는 셈입니다.

우리는 가정에서의 나, 친구로서의 나, 직장에서의 나 등 각기 다른 페르소나를 취하게 됩니다. 또는 각종 SNS에서 원하는 페르소나를 만들거나 '부캐'로 활동하기도 합니다. 가면을 바꿔가며 여러 개의 페르소나로 살아가는 것입니다.

그런데 자신의 본성과 페르소나 사이에 차이가 크면, 공허해지고 그것이 더 심해지면 우울증이 나타나기도 합니다.

자신의 실제와 원하는 모습 사이에 차이가 클 때, 자신에게 실망하며 스스로 미워하게 되는 것입니다. 원하는 모습처럼 되지 못한 자신이 지질하게 느껴져서 자책하거나 우울해집니다. 자신이 바라는 모습이 될 수 없을 것 같아 무기력해지기도 합니다.

요즘 우리 사회에 불안장애, 공황장애를 겪고 있는 사람이 정말 많습니다.

'난 연예인으로서 멋진 사람으로 보여야 해'라고 자신을 규정하는 사람이 있습니다. 그런데 현실에서의 모습은 멋지지 않다고 생각될 때, 자신을 미워하거나 세상을 원망하게 됩니다. 그러면 우울함, 미움, 불안함, 후회 등이 생겨납니다.

또 자신의 모습보다 더 잘 평가받고 싶은 마음이 앞서면, 다른 사람들을 지나치게 의식해 신경 쓰면서 힘들어지게 됩니다. 그 기대하는 마음으로부터 걱정과 불안, 두려움 등이 생겨납니다.

"사람들이 나를 매력적으로 봐줬으면 좋겠는데……"

"사람들이 관심 없으면 어떡하지?"

"사람들이 매력이 없다고 느끼면 어떡하지?"

"사람들이 내 노래를 좋아하지 않으면 어떡하지?"

"사람들이 내 연기를 보고 싶지 않으면 어떡하지?"

그러면 자신을 평가하는 댓글 하나하나에 점점 더 예민해지고, 가치 없는 존재가 되거나 추락하게 될까 봐 불안해지고 두려워집니다. 그것이 심해지면 불안장애 증상이 찾아올 수 있습니다.

또는 모든 사람이 자신을 좋아하고 인정해주어야 한다는 비합리적인 신념을 가지면 힘들어집니다. 내가 모든 사람을 좋아하거나 인정하는 것이 아니듯, 나를 좋아하지 않거나 인정하지 않는 사람이 있는 것은 당연합니다.

우리나라에서 연예인으로 산다는 것은 결코 쉬운 일이 아닙니다. 그럼에도 불구하고, 자신의 본성대로 살아가야 합니다. 자신을 '있는 그대로' 인정하고 사랑해야 진정으로 행복하게 됩니다.

모든 사람은 지질한 면이 있습니다.

지구의 모든 생명을 살 수 있도록 해주는 태양마저도 흑점이 존재합니다. 그렇다고 해서, 태양의 가치가 떨어지는 것이 아닙니다. 태양은 그저 태양으로서 존재하는 것입니다.

우리도 각자 자신의 본모습 그대로 존재하면 됩니다. 자신이 생각하는 완벽한 모습을 설정해 놓고, 거기에 자신을 끼워 맞추려 하면 많이 힘들어집니다. 지질하거나 바보 같거나 실수하는 것은 자연스러운 일입니다. 그럴 때, 자신을 미워하지 마세요.

자신을 '있는 그대로' 수용하는 것이 자기 사랑의 시작입니다. 자신을 '있는 그대로' 사랑해주세요. 자신의 본성대로 살아가지 못하거나, 자신을 '있는 그대로' 사랑하지 않을 때, 정신적으로나 신체적으로 병들게 됩니다.

한편, 우울감은 창조의 원천입니다. 예술가들은 우울감을 재료로 새로운 것을 창조합니다. 고독과 우울의 터널을 지나 창조적인 것이 피어나기도 합니다.

사람마다 정도의 차이는 있으나 누구에게나 우울감이 존재합니다. 우울감 자체는 문제가 아닙니다. 우울감이 있을 때, 그것이 문제가 아닌 새로운 창조의 원천이 될 수 있음을 인식해 보세요. 그러면 우울감을 감사하게 맞이할 수 있습니다.

그러나 여기서 말하는 우울감은 뇌의 의학적인 문제나 호르몬 문제로 인한 질병으로서의 우울증과는 반드시 구분해야 합니다. 우울증은 개인의 잘못이 아니지만 질병이므로 반드시 전문가와의 상담, 치료가 필요합니다.

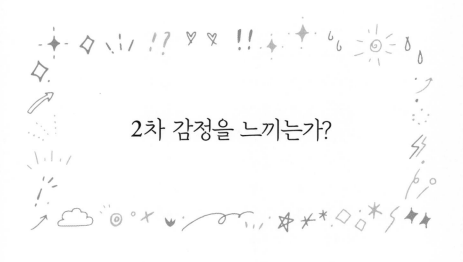

2차 감정을 느끼는가?

우리는 각자 자신의 감정에 대해 다르게 느낍니다. 자신의 감정을 편안하게 느끼기도 하지만, 어쩌지 못해 당황하기도 합니다. 자신의 감정에 대해 부끄럽다고 여기거나 잘못됐다고 판단하기도 합니다.

우리는 성장하는 동안 자신에게 나타나는 부정적인 감정은 절제하도록 배워왔습니다. 부정적인 감정을 드러내면 성숙하지 못한 사람이라는 평판을 받기도 합니다.

기쁨, 슬픔, 놀람, 공포와 같은 1차 감정에 대해 이차적으로 발생하는 감정을 2차 감정이라고 말합니다. 수치심과 죄책감이 대표적인 2차 감정입니다.

"화내지 마라, 울지 마라, 토라지지 마라.", "상냥해라. 친절해라." 등의 말을 들으며 자랐다면, 자신의 부정적인 1차 감정에 대해 부끄러워하거나 잘못된 거라고 여길 수 있습니다. 자신의 1차 감정을 수용하지 못해 부정적인 감정이 이차적으로 다시 한번 발생하는 것입니다. 2차 감정이 자주 나타날수록 자신의 감정을 '있는 그대로' 수용하기 어렵습니다.

예를 들어 화를 내면 자신이 성숙하지 못한 것 같아 부끄러울 수 있습니다. 또는 화내면 안 된다는 생각 때문에 화를 낸 자신이 문제라고 판단할 수 있습니다.

어린 시절 부모님의 양육 태도가 감정을 대하는 방식에 많은 영향을 끼치게 됩니다. 어린 시절에 많이 혼나면서 자란 사람이라면, 자신의 감정에 대해 창피해하거나 죄책감을 느끼기 쉽습니다.

당신은 평소 자주 느끼는 감정에 대해
이차적으로 어떻게 느끼나요?

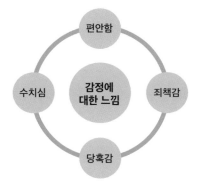

편안한가요?

당황스러운가요?

부끄럽다고 느끼나요?

잘못했다고 느끼나요?

자신의 감정을 '적절하다, 부적절하다', '잘했다, 잘못했다'라고
판단하지 마세요. 자신에게 생기는 감정을 그저 '있는 그대로' 편
안하게 인정해주세요.

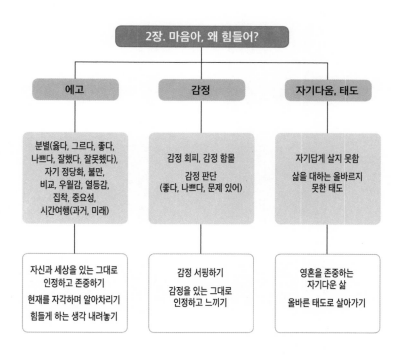

3. 정화야~ 내면 청소를 부탁해!

"기억들을 먼저 온전한 나의 마음으로 수용할 때
정화와 치유가 시작된다."

_이하레아카라 휴 렌

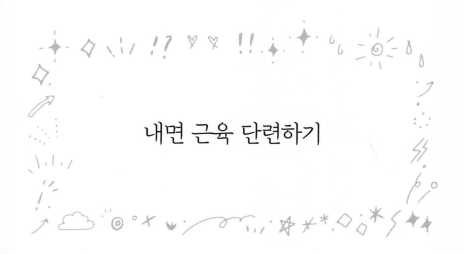

내면 근육 단련하기

몸의 건강을 위해 근력운동을 꾸준히 하는 사람들이 많습니다. 하지만 내면의 근육을 단련하는 사람은 그리 많지 않습니다. 당신은 어떤가요? 주기적으로 내면을 들여다보면서 알아차리고 회복하는 힘을 길러보세요. 그러면 내면 근육이 단단해집니다. 삶을 살아가는 힘과 힘든 상황을 감당하는 힘이 강해집니다.

자신에게 어떤 일이 일어나는지, 어떤 생각이 있는지, 어떤 감정이 생기는지, 어떤 마음 상태에 놓여 있는지에 관심을 기울여보세요. 그리고 자신에게 물어보세요.

'오늘 나의 하루는 어떠한가?'

'나는 어떠할 때 기쁘거나 행복한가?'

'나는 어떠할 때 슬프거나 힘든가?'

'나는 어떠할 때 감사한가?'

'나에게 어떤 생각이 있는가?'

'나에게 가치 있는 것은 무엇인가?'

'나는 무엇을 원하는가?'

'나는 무엇을 좋아하는가?'

'나의 강점은 무엇인가?'

......

힘든 순간에 위로와 격려, 따뜻함을 챙겨주는 첫 번째 사람은 바로 당신 자신입니다.

당신은 친구가 힘들어할 때, 따뜻한 말을 건네며 위로하고 격려할 것입니다. 진심을 담아 친구를 생각해줄 것입니다. 그렇듯 당신이 힘들 때 당신 스스로 친절하고 따뜻하게 자신을 위로해야 합니다. 정성껏 자신을 돌봐야 합니다.

자기 자신과 잘 지낼 때 진정으로 행복해집니다. 얼굴 가득 환한 미소가 피어납니다.

스트레스 관리하는 법

살다 보면 '심리적, 신체적 긴장 상태'인 스트레스를 겪습니다. 그리고 이것이 생기는 일은 지극히 정상입니다. 적절한 스트레스는 생활에 활력을 주고 집중력과 창의성을 높여주기도 합니다. 그러나 과도한 스트레스는 심리적, 신체적 문제를 일으켜 만병의 근원이 되기도 합니다.

스트레스는 마음을 힘들게 하는 다양한 이유로 발생합니다,

<u>스트레스는 자신이 생각한 대로, 원하는 대로 되지 않을 때 발생할 수 있습니다.</u> 누구나 자신이 원하는 대로 이루어지길 소망하지만, 그렇게 되지 않으면 스트레스를 받습니다. 그때 괴로움, 불안, 두려움, 짜증, 화, 분노, 미움, 원망 등 다양한 감정과 고통이 잇달아 생깁니다.

자신의 기준이나 목표에 지나치게 집착해 조바심을 내거나 애쓰게 되면 스트레스가 커지고 힘들어질 수 있습니다.

'난 이 정도는 성공해야지.'

'난 이 정도는 인정받아야지.'

'난 이 정도는 부유해야지.'

'내 애인이라면 이 정도는 되어야지.'

'내 남편이라면 이 정도는 되어야지.'

'내 자식이라면 이 정도는 되어야지.'

'내 친구라면 이 정도는 되어야지.'

스트레스는 예측할 수 없거나 스스로 결정할 수 없는 상황일 때 발생할 수 있습니다. 전혀 예상하지 못한 일이 생기거나 시댁 문제처럼 자신이 상황을 통제하지 못할 때, 스트레스를 받을 수 있습니다.

상황에 대한 불안과 긴장이 커질수록 스트레스도 커집니다. 예를 들어 정해진 기간 안에 어떤 성과를 내야 하거나, 여러 사람 앞에서 프로젝트를 발표해야 할 때 불안하고 긴장되어 스트레스가 커질 수 있습니다.

(당신은 어떠한 상황에서 스트레스를 받나요?)

당신이 어떠한 상황일 때 스트레스를 받는지 스스로 인식해 보세요. 스트레스를 받을 때 자신의 몸과 마음에 어떠한 일들이 생겨나는지 관찰해보세요. 얼굴이 화끈거리는지, 심장이 쿵쾅거리는지, 얼마만큼 흥분하거나 무기력한지, 어떠한 감정이 생기는지 지켜보세요. 그렇게 자신을 관찰하고 인식하면 스트레스를 진정시키는 효과가 있습니다.

세상 일이 당신의 뜻대로 되지 않을 때, 당신은 이를 허용할 수 있나요?

세상만사 모든 일이 내 뜻대로 되어야 한다는 것은 비합리적인 신념입니다. 내 뜻대로 될 수도 있고 안 될 수도 있습니다. 내 생각과 다른 가능성에도 마음을 열어놓아야 마음이 한결 여유로워집니다. 내 생각대로 되지 않을 수 있음을 허용해보세요.

당신이 전혀 예상하지 못한 일이 생길 때, 당신은 이를 허용할 수 있나요?

이미 일어난 일은 원망하거나 회피한다고 달라지지 않습니다. 당신에게 일어난 일을 '있는 그대로' 수용해 보세요. 힘든 자신을 '있는 그대로' 인정하고 위로해보세요. 그리고 그 상황에서 당신이 할 수 있는 일을 해보세요. 그러면 그 과정에서 무엇인가를 배울 수 있게 됩니다. 전혀 예상치 못한 그 일이 당신을 또 다른 가능성으로 안내할 수도 있습니다.

스트레스를 받으면 어떤 일이 일어날까요?

야생동물이 천적을 마주하면, 자신을 지키기 위해 스트레스 호르몬을 분비합니다. 동물은 이때 분비되는 포도당을 연료로 사용하여 싸우거나 도망칩니다.

인간도 원시시대에는 그런 과정을 거쳤지만, 현대 사회에서는 누군가로부터 생존의 위협을 직접 받는 일은 거의 없습니다. 그러나 사람도 스트레스를 받으면 여지없이 스트레스 호르몬, 포도당이 분비됩니다. 동물이 싸우거나 도망치면서 포도당을 소비하듯, 우리도 포도당을 써야 합니다.

운동이나 대청소 등으로 몸을 쓰면 포도당이 소모되고 스트레스도 어느 정도 해소됩니다. 그런데 몸을 쓰지 않으면 포도당이 잉여 에너지로 체내에 남아 비만, 고지혈증, 당뇨, 고혈압 등의 원인이 되기도 합니다.

스트레스를 받으면 면역 기능이 저하되고, 혈압, 혈당, 염증의 증가, 소화 장애, 심장병, 암 등 신체적인 질병에 노출됩니다. 그리고 불안과 긴장이 가중되면 우리 몸은 심리적으로 우울증, 불안장애, 공황장애 등에 취약해집니다.

잘 먹고 잘 자고 적절하게 운동하며 즐거운 활동을 주기적으로 할 때 건강합니다. 스트레스를 덜 받습니다.

스트레스를 반드시 풀어야 한다는 강박에 시달리지 말고, 스트레스를 적정하게 관리해보세요. 적절한 스트레스는 당신이 열심히 살고 있음을 나타냅니다. 그러니 자신에게 즐거움을 주고 에너지를 충전할 수 있는 자신만의 방법으로 스트레스를 해소해보세요. 운동, 산책, 음악 감상, 노래 부르기, 수다, 여행, 드라이브, 명

멘탈을 관리해야 인생이 달라진다

상, 이완법, 음식, 술, 쇼핑, 영화, TV, 인터넷, 게임 등 여러 가지 방법 중에서 스트레스가 잘 해소되는 자신만의 방법들을 찾아보세요. 그러나 술, 음식, 쇼핑, 게임 등에 너무 의존하지는 마세요.

스트레스를 받으면 어떤 일이 일어날까요?

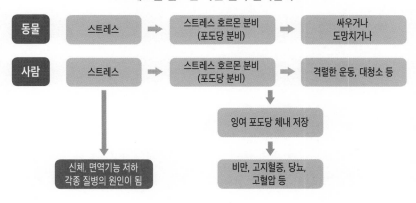

3. 정화야~ 내면 청소를 부탁해!

생각, 믿음 들여다보기

"당신이 어떤 사건의 사후에 부여하는 '의미'는
실은 애초에 그 사건을 끌어당겼던 당신의 '믿음'이다."

_조 비테일

무엇인가에 대한 의미 부여는 자신만의 해석이고, 그 해석의 기반이 바로 당신의 믿음입니다. 즉, 우리는 각자 자신의 믿음을 기반으로 세상을 바라보며 의미를 부여합니다.

우리가 어릴 적 비판 없이 받아들인 정보를 기반으로 형성된 믿음은 과연 진실일까요?

자신을 힘들게 하는 터무니없는 믿음은 무엇일까요?

평소에 자주 하는 걱정으로부터 그 믿음을 찾을 수 있습니다. 예를 들어, '괜찮은 사람으로 인정받지 못하면 어떡하지?' 하며 걱정하고 있다면, '난 괜찮은 사람이 아니다'라는 믿음이 존재하는 것입니다.

'사랑받지 못하면 어떡하지?'

'무능하다고 평가받으면 어떡하지?'

'이것을 못 하면 어떡하지?'

'실패하면 어떡하지?'

'사람들과 잘 어울리지 못하면 어떡하지?'

이러한 걱정들 속에는 어떤 믿음이 존재할까요?

'난 사랑받지 못하는 사람이다.'

'난 무능한 사람이다.'

'난 이것을 못 하는 사람이다. 해낼 수 없는 사람이다.'

'난 실패하는 사람이다.'

'난 사람들과 잘 어울릴 수 없는 사람이다.'

> 당신을 힘들게 하는 걱정은 무엇인가요?
> 그리고 그 안에 있는 믿음은 무엇인가요?

　자신의 믿음이 사실인지 아닌지는 다음의 6단계 질문으로 들여다볼 수 있습니다. 우리의 뇌가 질문을 받으면, 뇌는 그에 따른 답을 찾습니다. 당신이 어떤 믿음으로 힘들 때, 스스로 가치 있는 적합한 질문을 던져보세요. 이를 통해 자신의 내면을 들여다볼 수 있습니다.

> 당신을 힘들게 하는 믿음은 무엇인가요?
> 당신은 그것을 믿나요?

당신은 그것을 왜 믿나요?

당신은 그 이유를 왜 믿나요?

그것은 사실인가요? 믿음인가요?

그것이 사실이 아니라면, 당신은 어떤 사람인가요?

이러한 질문을 통해 당신의 믿음이 사실이 아니란 것을 깨닫는 게 중요합니다. 이 중에서 '믿나요?'라는 질문 어느 것에라도 '아니오'라고 확신할 수 있다면, 그 믿음은 더 이상 당신을 괴롭히지 않습니다.

드라마 〈괜찮아, 사랑이야〉에서 재열(조인성)은 조현병으로 환시인 강우(디오)를 봅니다. 정신과 의사인 해수(공효진)는 재열(조인성)에게 다음과 같이 말합니다.

"네 눈앞의 강우를 똑똑히 봐. 그리고 찾아내. 그 애는 네 착각과 모순이라는 걸. 모든 환시에는 모순이 있어."

뇌과학에 따르면, 우리의 마인드가 인식하는 세상은 환영입니다. 각자의 마인드가 만들어낸 착각과 모순은 누구에게나 존재합니다. 당신은 마인드의 착각과 모순을 스스로 찾아낼 수 있고, 자신의 생각과 믿음이 진실이 아니라는 것을 스스로 알아차릴 수 있습니다.

우리는 자신 안에 존재하는 '진실이 아닌 생각'을 찾아서 내려놓을 수 있습니다.

'믿음 들여다보기' 예시를 진행해보겠습니다.

당신을 힘들게 하는 '믿음'은 무엇인가요?

"나는 사랑받지 못하는 사람입니다."

당신은 당신이 '사랑받지 못하는 사람'이라는 것을 믿나요?

"네."

당신이 '사랑받지 못하는 사람'이라고 '왜' 믿나요?

"왜냐하면, 나는 어렸을 때, 칭찬을 받아본 적이 없습니다."

당신은 '칭찬을 받지 못하면 사랑받지 못한다'는 것을 '왜' 믿나요?

"만약 부모님이 날 사랑하셨다면 칭찬해주셨을 겁니다. 그런데 그렇지 않았습니다."

'모든 부모님이 자식을 사랑하면 칭찬해주시나요?' 그것은 '사실'인가요? 그 믿음이 사실이라면 타당한 근거가 있어야 합니다. 예를 들어, 전 세계인에게 물어서 모두 그 믿음이 사실이라고 대답한다면 사실일 확률이 높습니다.

"부모님이 나를 사랑하셨지만, 부모님 또한 칭찬을 받아본 적이 없고 쑥스러워서, 그리고 사는 게 힘들고 지쳐서, 칭찬을 못 해줬을 수도 있습니다."

그렇다면, '칭찬을 받지 못해서 나는 사랑받지 못하는 사람'이라는 생각은 '사실'인가요? '믿음'인가요?

"사실이 아닙니다. 나는 내 믿음이 사실이 아니라는 것을 알았습니다."

그렇다면, '당신은 어떤 사람인가요?'

"나는 사랑받을 가치가 있는 사람입니다."

만약 그래도 사랑받지 못하는 사람이라고 느낀다면, 당신이 그렇게 믿는 또 다른 '이유'는 무엇인가요?

"어렸을 때, 부모님으로부터 따뜻함을 느껴보지 못했습니다. 내가 힘들 때 공감이나 위로를 받지 못했고 혼자 힘들어했습니다. 아무도 나를 사랑하지 않는 것 같습니다."

당신은 '따뜻함, 공감, 위로를 받지 못하면 사랑받지 못한다'는 생각을 '왜' 믿나요?

"부모님이 나를 사랑했다면 따뜻하게 안아줬을 겁니다. 사랑했다면 힘들 때 공감해 주고 위로해 주었을 것입니다. 그런데 그렇지 않았습니다."

'모든 부모님이 자식을 사랑하면 따뜻하게 공감하고 위로해 주시나요?' 그것은 '사실'인가요?

"부모님도 공감이나 위로를 받아본 적이 없어서 어떻게 하는지 잘 모르시는 것 같습니다. 그리고 사는 게 힘드시다 보니 따뜻하게 말하거나 표현할 여력이 없으셨던 것 같습니다. 그렇다고 나를 사랑하지 않은 건 아닌 것 같기도 합니다. 다만 내가 무엇을 원하는지 잘 모르셨던 것 같습니다. 왜냐면 내가 원하는 것을 부모님에게 말하지 못했고, 힘들 때 힘들다고 말하지 못했습니다."

그렇다면, '따뜻하게 공감이나 위로를 받지 못해서 나는 사랑받지 못하는 사람'이라는 것은 '사실'인가요? '믿음'인가요?

"사실이 아닙니다. 나는 내 믿음이 사실이 아니라는 것을 이제야 알았습니다."

그렇다면, '당신은 어떤 사람인가요?'

"나는 충분히 사랑받을 자격이 있는 사람입니다."

앞으로 당신이 해야 할 일은 무엇인가요?

"부모님과 진솔하게 이야기해보겠습니다. 부모님이 나를 키우는 동안 힘들지는 않았는지 부모님에게 물어보고, 어릴 때 내가 무엇을 원했는지, 왜 힘들어했는지 함께 이야기해보면 좋을 것 같습니다. 이제라도 부모님과 힘든 것, 원하는 것에 대해 충분하게 대화하고 공감하며 서로 사랑하도록 노력하겠습니다. 감사합니다."

예시와 같은 '믿음 들여다보기' 과정이 쉽게 끝나지 않을 수도 있습니다. 중요한 것은, 자신만의 방식으로, 자신의 믿음이 사실이 아니라는 결론에 도달하는 것입니다. 그리고 자신에게 어떤 믿음이 있더라도, 어떤 대답이 나오더라도, '있는 그대로' 자신을 수용하고 사랑하는 마음으로 해야 합니다. 그 과정에서 자신도, 그 누구도 비난하지는 마세요.

어떤 감정이 생겼을 때, '있는 그대로' 인정하고 충분히 느끼면 감정은 지나가게 됩니다. 그런데 그 감정이 생기도록 한 내면의 믿음을 들여다보지 않으면, 그 감정이 생기게 한 비슷한 상황이 될 때마다 반응 또한 유사하게 반복됩니다.

감정을 충분히 느낀 후 마음에 여유가 있을 때, '믿음 들여다보기'를 통해서 그것이 사실이 아님을 알게 되면, 비슷한 상황에서 다르게 반응할 수 있습니다. 더는 비슷한 이슈로 힘들지 않게 됩니다.

하나의 믿음에 대해 내려놓고 편안해진 후에, 자신을 힘들게 하는 믿음이 더 있다면, 그 믿음에 대해서도 같은 방식으로 들여다보면 됩니다.

자신에 대한 부정적인 생각이나 믿음으로 힘들 때, '믿음 들여다보기'를 해보세요. 자신의 행복함과 풍요로움을 가로막고 제한하는 '믿음'으로부터 자유로워지세요.

그러나 타인의 생각을 자신의 것처럼 혼란스러워할 필요는 없습니다. 타인의 생각은 그의 생각일 뿐, 내 것이 아닙니다. 타인의 생각을 자신과 분리할 줄 알아야 합니다.

'이 생각은 그 사람 것이지, 내 생각이 아니야.'

걱정 안에 존재하는 믿음 들여다보기

걱정, 두려움	믿음
괜찮은 사람이라고 인정받지 못하면 어떡하지?	나는 괜찮은 사람이 아니다.
무능하다고 평가받으면 어떡하지?	나는 무능한 사람이다.
이것을 못하면 어떡하지?	나는 이것을 해낼 수 없는 사람이다. 나는 이것을 못하는 사람이다.
실패하면 어떡하지?	나는 실패하는 사람이다.
사랑받지 못하면 어떡하지?	나는 사랑받지 못하는 사람이다.
사람들과 잘 어울리지 못하면 어떡하지?	난 사람들과 잘 어울릴 수 없는 사람이다.

걱정은 자신과 세상을 믿지 못하는 마음에서 비롯됩니다.

믿음 들여다보기 (예)

1. 당신을 힘들게 하는 믿음은 무엇인가요?

- 나는 사랑받지 못하는 사람입니다.

2. 당신은 그것을 믿나요?

- 당신은 당신이 사랑받지 못하는 사람이라는 것을 믿나요?

3. 당신은 그것을 왜 믿나요?

- 당신이 왜 사랑받지 못하는 사람이라고 믿나요?

4. 당신은 그 이유를 왜 믿나요?

- 칭찬을 받지 못하면 사랑받지 못한다는 것을 왜 믿나요?

5. 그것은 사실인가요? 믿음인가요?

- 칭찬을 받지 못해서 나는 사랑받지 못하는 사람이라는 것은 사실인가요?
  믿음인가요?

6. 그것이 사실이 아니라면, 당신은 어떤 사람인가요?

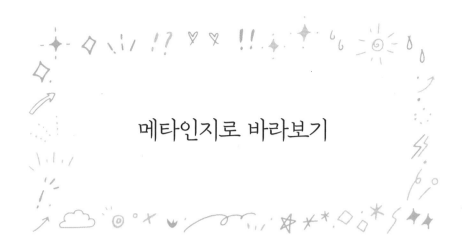

메타인지로 바라보기

학습법으로 교육 열풍을 불러일으킨 '메타인지'의 사전적 의미는 '자신의 인지 과정에 대한 한 차원 높은 시각에서의 인지 혹은 자신이 무엇을 알고 모르는지에 대한 인지'입니다.

리사 손에 따르면, 메타인지는 자신을 보는 거울로서, 자기 자신을 아는 것, 스스로 믿는 능력, 그리고 완벽하지 않은 자신의 모습을 인정하는 것을 포함합니다.

학습적인 측면에서는 '자신이 무엇을 알고 무엇은 모르는지를 아는 것에 대한 인지'를 강조하는데, 성숙의 관점에서는 '자신의 인지 과정에 대한 인지'가 필요합니다.

자신의 상태를 '있는 그대로' 인지하거나, 자신을 힘들게 하는 내면의 믿음을 들여다보려면 메타인지를 사용해야 합니다.

멘탈을 관리해야 인생이 달라진다

먼저, 자신의 상태를 순간순간 객관적으로 인지해야 합니다. 어떤 상황에 빠지거나 회피하지 않고, '있는 그대로' 알아차려야 합니다. 그저 '있는 그대로' 자신과 세상을 바라보는 것입니다.

'아, 내가 지금 이런 상태구나.'

'내가 착한 사람이 되고 싶구나. 착한 사람인 척하는구나.'

'좋은 사람, 괜찮은 사람, 유능한 사람, 완벽한 사람이 되고 싶구나.'

'지금 에고가 작동하는구나.'

'스스로 기만하는구나.'

'스스로 합리화하는구나.'

'누군가를 비난하는구나.'

'인정받고 싶구나.'

'사랑받고 싶구나.'

'기쁘구나, 슬프구나, 서운하구나, 두렵구나, 부끄럽구나……'

자신의 에고가 작동하거나 누군가를 판단, 분별할 때에 마음이 힘들어집니다.

'이건 보이고 싶지 않아. 이렇게 보이고 싶어.'

'난 하고 싶지 않아. 내가 왜 해?'

'이 사람은 잘했고. 저 사람은 잘못했어.'

'저 사람 왜 저래?'

자신을 기만하거나 누군가를 판단하고 있음을 알아차리고 바라보게 되면, 그 상황에 쉽게 빠지지 않게 됩니다.

매 순간 자신의 상태를 알아차리는 연습을 해보세요.

어떤 상황에 빠지거나 회피할 때, 시시비비를 가릴 때, 에고가 작동할 때, 감정이 발생할 때, 그러함을 알아차리고 정신을 차려야 합니다. 꾸준히 연습하면 깨어있는 시간이 점점 늘어나며, 에고에 빠져있다가도 점점 더 빨리 정신을 차릴 수 있게 됩니다.

그리고 마음에 여유가 있을 때, 내면의 어떤 생각이나 믿음을 진실이라고 부여잡고 있는 건 아닌지 성찰해 보세요.

'아, 나에게 이런 생각이 있구나.'

'아, 내가 이것을 사실이라고 믿고 있구나.'

'아, 내가 이렇게 믿고 있어서 화가 났구나.'

메타인지로 바라보고 성찰함으로써 진실이 아닌, 자신을 힘들게 하는 생각, 믿음을 내려놓을 수 있습니다.

어떤 생각이나 믿음을 하루아침에 내려놓지 못할 수도 있습니다. 몇십 년에 걸쳐 어떤 생각이 진실이라고 믿어왔다면, 그것을 내려놓는 데에도 시간이 필요할 수 있습니다. 그렇지만 그 생각이나 믿음이 진실이 아닐 수 있다는 가능성을 알게 되면, 그것만으로도 변화가 시작됩니다.

내면을 들여다보면서, '난 왜 잘 안되지?' 하며 자책하지 마세요. 사람마다 필요한 시간이 다르고, 걸어가는 과정이 다릅니다. 저는 여기까지 오는데 20년 넘게 걸렸습니다.

자신만의 여정을 신뢰하고 묵묵히 지켜보며 응원해주세요. 그 인생 여정 자체가 귀하고 아름답습니다.

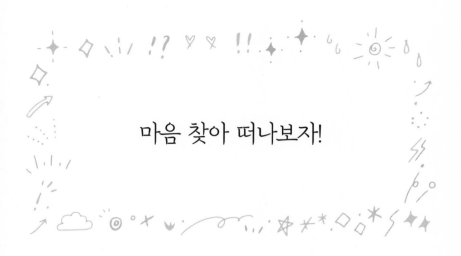

마음 찾아 떠나보자!

앞에서 소개한 '믿음 들여다보기'는 내면의 믿음이 진실이 아님을 알기 위해서 계속 "왜"를 묻는 방식입니다. 만약 그것이 익숙하지 않거나 불편하다면, 자신의 내면을 글로 표현해도 좋습니다.

부정적인 감정이 생기거나 힘들 때 자신의 상태를 글로 표현해보세요. 힘든 상황, 생각, 감정, 느낌 등을 생각나는 대로 솔직하고 자유롭게 글로 나타내면 감정 해소에 도움이 됩니다. 어떤 글도 '있는 그대로'를 허용해야 합니다. 정말 힘들 땐 그 마음을 글로 표현하면서 눈물 흘려도 괜찮습니다.

자신이 쓴 글을 보면서, 감정에 관한 내용이 있으면 '있는 그대로' 수용하고 인정해보세요. 글로 표현한 상황을 [ ] 안에 감정을 넣어 그대로 미러링하며 스스로 토닥여 주세요.

"그랬구나. ~~한 상황에서 [화났었구나] 그럴 수 있어! 괜찮아! [화내도] 괜찮아. 힘들었지?"

충분한 시간을 갖고 마음이 가벼워지면, 자신의 글을 통해 성찰할 수 있습니다. '이럴 땐 이렇게 해야 한다', '누구라면 이렇게 해야 한다'와 같은 생각이 들면, 판단 없이 그대로 미러링해보세요.

"그랬구나. ~~한 상황에서 [이렇게] 해야 한다고 생각했구나. 괜찮아. 그럴 수 있어!"

"그랬구나. [부모, 언니, 동생, 직장 상사, 동료, 친구, 애인……] 이라면 [이렇게] 해야 한다고 생각했구나. 괜찮아. 그럴 수 있어!"

그리고 그 생각이 과연 진실인지 들여다보세요. 진실이 아닐 수도 있는 한 가지 예를 찾아보세요. 예를 하나라도 찾을 수 있다면 그것은 진실이 아닙니다. 그러면 진실이 아닌 그 생각을 내려놓을 수 있게 됩니다.

어떤 생각에 푹 빠져 힘들 때, '이 생각이 진실이 아닐 수도 있을까? 이 생각은 항상 맞을까? 어떤 경우에 아니지?'를 숙고해보세요. 그 생각은 진실이 아닐 수 있다는 가능성이 그 생각에서 한 발짝 떨어질 수 있도록 도와줍니다.

한편, 사람마다 자주 사용하는 방어기제가 있습니다. 그리고 비난, 회피, 폭발하는 패턴이 있습니다. 자신의 글을 읽으면서 자기방어, 합리화, 투사, 전이, 비난, 회피, 폭발 등이 보이면, '아, 이런 상황에서 나는 이렇게 하는 패턴이 있구나' 하며 인식할 수 있습니다. 그러면 비슷한 상황이 되었을 때, 자기기만을 좀 더 쉽게 알아차릴 수 있고, 같은 상황에 빠지는 정도가 점점 약해지게 됩니다.

어려움이나 고통, 불편함 등은 무조건 나쁜 것이 아닙니다. 그것들을 통해 성장하고 성숙할 수 있습니다. 부정적인 감정을 통해 진실이라고 굳게 믿어온 생각이 무엇인지를 인식하고, 그 생각을 내려놓을 때 자유로워집니다.

수용하기

자신을 수용하나요?

자신의 모습이 마음에 들지 않으면, 그러한 자신을 미워하게 됩니다. 그러면 자신이 아닌 모습을 갈망하면서 괜찮은, 멋진, 좋은, 중요한, 유능한 사람이 되고자 애쓰게 됩니다. 그러한 모습에 집착하면 할수록, 자신의 본모습에서 점점 더 멀어지고 마음은 공허해집니다.

자신을 있는 그대로 수용하나요?
자신이 아닌 모습을 갈망하나요?
[괜찮은] 사람이 되고자 애쓰고 있나요?

자신을 '있는 그대로' 수용하고 사랑할 때 진정한 기쁨이 찾아옵니다.

현실을 수용하나요?

현실이 마음에 들지 않으면, 자신을 미워하거나 세상을 원망하게 됩니다. 그러면 현실이 아닌 모습을 갈망하면서, 자신이 원하는 대로 되게 하느라 애쓰게 됩니다. 무엇인가에 집착한다는 것은 그것이 없음을 인정하는 것이기에, 원하는 그것으로부터 결국 멀어지게 됩니다.

> 현실을 있는 그대로 수용하나요?
> 현실이 아닌 모습을 갈망하나요?
> 자신이 갈망하는 대로 되도록 애쓰고 있나요?

현실을 '있는 그대로' 수용하고 인정할 때 진정한 감사함과 만족감을 느끼게 됩니다.

현실과 딱 달라붙어 있으면, 자기 생각과 다르게 현실이 펼쳐질 때마다 그것을 바꾸려 애쓰게 됩니다. 만약 영화를 관람하는 것처럼 현실을 바라본다면, 현실을 '있는 그대로' 보면서 즐길 수 있습니다. 배우가 아닌 관객의 관점으로 세상을 바라보면, 현실을 편안하고 여유롭게 볼 수 있습니다.

몸과 마음의 휴식 타임!

　인간의 뇌파에는 델타파, 세타파, 알파파, 베타파, 감마파가 있는데, 일상생활을 할 때는 주로 베타파 상태입니다. 명상할 때 알파파 상태로 뇌파가 낮아지면, 부교감 신경이 활성화되고 이완됩니다. 그러면 스트레스나 긴장, 통증이 완화되고 수면의 질이 향상되며, 불안 감소와 우울증 해소에도 도움이 됩니다. 명상은 면역 체계 강화와 스트레스 감소 등 신체적, 정신적 질병의 예방 및 개선에 효과적이어서 건강하고 행복한 삶에 도움이 됩니다.

　명상은 마음을 쉬게 하고 몸을 편안하게 함으로써 휴식하도록 이끕니다. 지속적으로 명상을 실천해 보세요. 몸과 마음이 이완되고 휴식에 들 수 있습니다.

통찰 명상은 현재를 자각하고 알아차리는 것입니다. 이것은 지금 이 순간 일어나는 일에 대해 판단 없이 '있는 그대로' 고요하게 바라보는 것입니다. 통찰 명상은 자신과 세상을 판단 없이 '있는 그대로' 인식하고 온전히 경험하는 것입니다.

명상은 생각을 없애는 것이 아닙니다. 생각이 일어나도 문제 될 것은 없습니다. 그저 생각이 일어남을 알아차리고, 다시 고요하게 현재를 자각하면 됩니다.

몸을 통한 명상은 초보자도 부담 없이 하기에 좋은 방법으로, 호흡 명상, 바디 스캔 명상 등이 있습니다.

또 산책 명상, 운동 명상, 일상 명상, 내면 아이 치유 명상 등을 활용할 수 있습니다.

호흡 명상

호흡 명상은 아침에 일어나서 하거나 잠자기 전에 하면 좋습니다. 감정이 격양될 때나 예민해질 때, 심호흡하거나 호흡 명상을 하면 진정 효과가 있습니다. 호흡 명상을 처음 한다면 5~10분 정도 하고, 조금씩 늘려가면 좋습니다.

의자에 척추를 바르게 세워 앉거나, 바닥에 반가부좌로 앉거나, 편안하게 누워서 해도 됩니다. 먼저 가볍게 스트레칭을 하여 어깨, 목 등의 긴장을 풀어주면 더 효과적입니다. 의자에 앉아서 할 경우, 발바닥과 무릎은 자기 골반 너비만큼 벌리고, 발바닥은 바닥에 내려놓습니다. 손은 허벅지 위에 편하게 놓습니다. 눈을 감고 하면 집중이 더 잘됩니다. 조용한 명상 음악을 들으면서 해도 좋습니다. 자신에게 맞는 가이드 영상을 인터넷으로 보거나 들으면서 해도 됩니다.

호흡은 자연스럽게 평소처럼 하면 됩니다. 숨을 들이쉬고 내쉴 때의 감각을 느껴보세요. 복부나 가슴의 움직임 또는 코로 들어가고 나가는 공기의 흐름에 집중해 보세요. 당신이 호흡 감각에 집중할수록 몸이 이완되고 마음은 휴식에 들어 편안해집니다.

호흡을 잘하는지 아닌지 판단하지 말고, 그저 자신의 호흡을 지켜보세요. 중간중간 생각이 떠오르면, '아, 지금 생각이 나는구나.' 하며 자각하고 다시 호흡에 집중하면 됩니다. 어깨, 목 등의 긴장, 허리 통증으로 불편함이 느껴질 때, '아, 지금 불편하구나.' 하며 알아차리고 다시 호흡에 집중하면 됩니다.

바디 스캔 명상

바디 스캔 명상은 마음챙김 명상법의 하나로, 몸을 스캔하듯이 각 부위를 '있는 그대로' 자각하는 것입니다. 머리끝부터 발끝까지 신체 부위에 차례로 주의를 기울이며 느껴지는 감각에 집중하면 됩니다. 판단하지 않고, 몸의 상태를 '있는 그대로' 느끼는 것입니다.

편안하게 누워서 하면 됩니다. 눈을 감고 하면 집중이 더 잘됩니다. 인터넷에서 자신에게 맞는 가이드 영상을 찾아서 해도 됩니다.

중간중간 생각이 떠오르면, '아, 지금 생각이 나는구나.' 하며 알아차리고 다시 몸을 자각합니다. 바디 스캔 명상은 잠들지 않고 자각하는 명상이지만 잠이 들더라도 자책할 필요는 없습니다. 그만큼 몸의 휴식이 필요한 것입니다.

마음은 과거나 미래로 오고 가지만, 몸은 언제나 현재에 머무릅니다. 몸을 통한 명상은 몸의 감각, 느낌에 집중하는 동안 마음이 쉴 수 있게 해줍니다.

산책 명상

어디든 포근한 경치를 편안하게 즐길 수 있는 산책길을 걸어봅니다. 스트레스가 많은 날 가볍게 산책하며 기분을 전환하면 좋습니다. 퇴근하면서 30분, 시간 날 때 1시간 정도, 자신에 맞게 산책해봅니다. 퇴근 후 육아를 해야 할 경우, 10~20분이라도 산책으로 기분과 에너지를 전환하고 아이를 환하게 맞이하면 좋습니다.

산책 명상은 산책하면서 보고 듣고 느끼는 것들을 온전히 경험하는 것입니다.

산책 도중에 경치, 하늘, 구름, 나무, 꽃, 새소리, 땅 내음, 꽃향기, 풀 냄새, 햇살, 바람 등에 주의를 집중해 보세요. 또는 자신의 발걸음, 팔의 움직임, 자세, 호흡 등을 관찰해봅니다.

산책 도중에 어떤 생각이 일어나면 '이런 생각이 나는구나.' 하며 알아차리고, 다시 보고 듣고 느끼는 감각에 집중합니다. 그리고 하루 동안 있었던 일들을 비워냅니다.

3. 정화야~ 내면 청소를 부탁해!

산책 명상을 하면 마음이 평온해지고 고요해집니다.

운동 명상

운동 명상은 운동하면서 몸의 움직임이나 호흡에 집중하는 것입니다.

동작을 취하면서 어느 부위, 어떤 근육에 힘이 들어가는지, 얼마나 힘을 쓰고 있는지, 어디가 얼마나 굳어 있는지, 자연스럽게 호흡하고 있는지 등을 느끼고 자각하는 것입니다. 자신의 몸의 상태를 알아차리는 명상입니다.

요가, 필라테스, 헬스 등 여러 운동을 하면서 명상하기 좋습니다.

달리기, 자전거 타기 등을 하면서 몸과 마음의 상태를 자각할 수도 있습니다. 힘들어질 때 자신의 마음이 어떻게 요동치는지 지켜볼 수 있습니다.

운동 도중에 '난 왜 잘 안되지?'와 같은 생각, 판단 등이 일어나면, 이를 알아차리고 다시 운동에 집중하면서 몸의 상태를 자각해보세요.

많은 사람이 운동에 빠져 살지만, 더 날씬하지 못한 자신, 더 멋지지 못한 몸매를 미워합니다. 더 나은 존재가 되고, 더 사랑받고 인정받기 위해 운동하는 오류를 범하고 있습니다.

생각과 욕망을 내려놓고, 자신을 '있는 그대로' 사랑해주세요. 소중한 자신에게 건강을 선물하는 느낌으로 운동을 대해보세요.

일상 명상

일상 명상은 지금 하는 일이나 현재에 보고 듣고 느끼는 감각에 집중하는 것입니다. 예를 들어, 설거지하면서, 출 • 퇴근하면서, 운전하면서, 식사하면서, 그때그때 행위 자체에 온전히 주의를 집중하는 것입니다.

생각이 떠오르면, '아, 지금 생각이 나는구나.' 하며 자각합니다. 감정이 생기면, '아, 지금 감정이 생기는구나.' 하며 알아차립니다. 그리고 다시 순간순간에 집중하면서 온전히 경험하면 됩니다.

일상생활을 하면서 생각, 감정 등이 일어났다 지나가는 것을 관찰하면, 그 생각이나 감정에 푹 빠지지 않습니다. 설령 상황에 빠지더라도, 좀 더 쉽게 그로부터 빠져나올 수 있게 됩니다. 일상생활 중에 '알아차림' 명상을 해보세요. '알아차림' 명상을 하면 균형 잡힌 마음 상태를 유지할 수 있습니다.

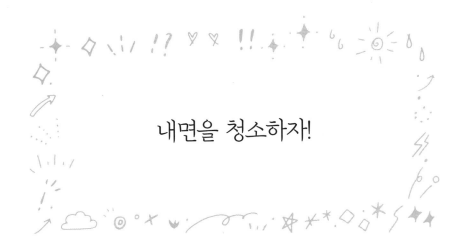

내면을 청소하자!

우리는 매일 세수하고 샤워하며 몸의 청결을 관리합니다. 집안 곳곳에 쌓이는 먼지를 청소합니다. 하루 동안 쌓인 옷의 먼지를 털고 관리해주는 기계도 있습니다. 일상생활에서 먼지나 쓰레기가 발생하는 것처럼, 우리의 몸과 마음에도 처리해야 할 에너지가 생깁니다.

청소기의 필터를 주기적으로 비워내지 않으면 청소기의 성능이 떨어지는 것처럼, 하루 동안 쌓인 생각과 감정, 긴장 등을 비워내지 않으면 점점 피곤해지고 부정적으로 반응하기 쉬워집니다. 일과를 마치고 자기 전 샤워와 양치질을 하듯, 자신의 내면을 청소하는 시간이 필요합니다.

정체된 에너지를 처리하지 않으면, 몸과 마음은 병들어갑니다.

며칠간 싱크대에 음식물 찌꺼기를 내버려 두면 곰팡이가 생기고 냄새도 심해집니다. 이걸 뒤늦게 청소하려면 훨씬 잘 닦아야 하는 수고가 뒤따릅니다.

이와 마찬가지로 우리의 내면을 정기적으로 청소하지 않으면, 신체적으로는 피곤이 쌓이고 면역력도 저하돼 질병에 노출됩니다. 내면 청소를 하지 않아 몸의 활력이 떨어지면 부정적으로 생각하기 쉽고 짜증, 신경질, 화 등의 부정적인 감정도 증가합니다. 그러다 만성피로 상태에 이르면 무기력함, 우울함 등이 찾아옵니다.

자신을 힘들게 하는 생각, 믿음, 기억, 남아있는 감정 등을 들여다보고 놓아주세요. 진정한 나를 가로막고 있는 모든 것을 해체하고 내려놓으세요. 과거의 얽혀 있는 실타래를 풀어줘야 삶이 한결 가벼워집니다.

특히 남아있는 감정은 몸에 에너지 형태로 정체됩니다. 예를 들어, 자신의 감정을 계속 참아서 생기는 화병은 가슴에 에너지로 단단하게 뭉쳐버립니다. 이런 감정 에너지는 온전히 느껴 흘려보내야 합니다. 그러면 마음이 편안해집니다.

자신을 힘들게 하는 생각, 믿음은 '믿음 들여다보기', '성찰 글쓰기' 등을 통해서 내려놓아 보세요.

힘든 기억이나 고통은 용서, 치유 글쓰기, 내면 아이 치유 명상, 호오포노포노 등의 방법으로 치유하고 정화하면 좋습니다.

늦지 않았습니다. 자신에게 맞는 내면 청소법으로 내면을 정화해 보세요. 놀라운 변화가 시작됩니다.

3. 정화야~ 내면 청소를 부탁해!

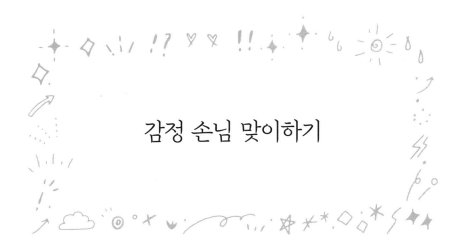

감정 손님 맞이하기

누군가가 먹을 것을 줘서 얼떨결에 받았습니다. 그런데 받아보니 가장 싫어하는 두리안이었습니다. 그 순간, 너무 싫은데, '어떡하지? 어떡하지?' 하면서 두리안을 손에 잡고 있습니다. 그것을 꽉 쥔 채로, '저 사람이 내가 싫어하는 것을 줬어? 너무하지 않아? 어떻게 그럴 수 있어?' 하고 원망합니다.

그러나 그저 두리안을 내려놓고 치우면 될 일입니다.

이러한 일은 우리의 일상에 늘 있습니다. 누군가의 말이나 행동에 대해서, "저 사람이 나한테 어떻게 그럴 수 있어?" 하며 그 말, 행동을 꽉 부여잡고 그 사람을 미워합니다.

그 사람의 말이나 행동을 그저 놓아주세요. 감정이 생기면 인정하고 온전히 느껴 흘려보내 주세요.

우리의 마음은 바다와 같고, 생각, 느낌, 감정 등은 파도와 같습니다. 파도는 일어나다 사라지고, 그저 흘러갑니다. 파도를 판단하거나 미워할 필요는 없습니다. '감정'이란 손님이 찾아왔다면, 그 손님이 무엇이든 맞이하여 온전히 느끼고 보내주세요.

마음 비우기

자신을 힘들게 했던 일을 한 가지 떠올려봅니다.

그 기억을 여전히 간직하고 있는 당신은 지금 행복한가요?

그 기억을 부여잡고 있는 것이 행복할까요? 아니면 놓아주는 것이 더 행복할까요?

만약 그 기억을 놓아주기에 억울한 마음이 든다면, 억울함을 느끼는 자신을 인정해주세요. 그동안 힘들었던 자신을 위로하고, 그 감정을 충분히 느껴주세요. 그러면 그 기억을 놓아줄 수 있게 됩니다.

당신을 힘들게 한 사람이나 사건들이 많이 있을 것입니다.

당신은 이제 선택할 수 있습니다. 그 기억을 붙잡고 힘들어할 것인지, 아니면 놓아주고 편안할 것인지…….

당신이 기억을 놓아 보내는 시간과 고요히 마주할 때 치유가 찾아옵니다.

정화하러 떠나보자!

자신에 대해 인정하기

우리는 살아가면서 자신을 미워하는 순간과 마주합니다. 어떤 일을 후회하기도 하고, 잘 해내지 못하는 자신을 책망하며 채찍질하기도 합니다. 그러나 자신을 미워하는 것만큼 힘든 일이 또 어디 있을까요. 누가 뭐라 해도 '있는 그대로'의 나를 인정하고 사랑해야 합니다. 당신을 사랑해줄 첫 번째 사람은 당신 자신이기 때문입니다.

자꾸 실수하는 자신의 모습이 바보같이 느껴지고 마음에 들지 않을 때가 있습니다. 그러면 자책하며 후회하게 됩니다.

'왜 그랬어?'

'좀 잘하지……'

'이렇게 했어야지……'

그럴 때, 다음과 같이 자신에게 말해 줍니다.

'○○야, 실수해도 괜찮아.'

'나는 실수하는 내가 괜찮습니다.'

'나는 실수하는 나를 인정합니다.'

'나는 실수하는 나를 사랑합니다.'

'실수하는 나를 미워해서 미안합니다.'

'감사합니다.'

이 문장들을 3번 이상씩 말함으로써, 그런 감정을 느끼는 자신을 '있는 그대로' 인정하고 용서하며 사랑해주세요. 손가락 끝으로 가슴을 톡톡 두드리면서 소리 내어 말하면 더 효과적입니다. 이 간단한 문장들을 말하는 것이 내면 정화에 효과가 있습니다. 마음이 충분히 편안해질 때까지 이를 반복해주세요.

또 다른 예로, 자신이 하는 말이나 행동이 지질하게 느껴질 때가 있습니다. 멋진 사람이 되고 싶은데, 그렇지 못하다고 여기는 것입니다. 그럴 때, 이렇게 자신에게 말해 주세요.

'○○야, 지질하게 말하고 행동해도 괜찮아.'

'나는 지질하게 말하고 행동하는 내가 괜찮습니다.'

'나는 지질하게 말하고 행동하는 나를 인정합니다.'

'나는 지질하게 말하고 행동하는 나를 사랑합니다.'

'지질하게 말하고 행동하는 나를 미워해서 미안합니다.'

'감사합니다.'

마음이 충분히 가벼워질 때까지 이를 반복합니다. 손가락 끝으로 가슴을 톡톡 두드리면서 소리 내어 말하면 더 효과적입니다.

이 문장들이 자신을 '있는 그대로' 인정하고 사랑하는 첫걸음이 될 수 있습니다. 자책하거나 자신이 미울 때 자신을 '잘했다, 잘못했다'로 평가하지 말고, 어떠한 모습의 자신도 '있는 그대로' 수용하고 사랑해주세요.

(요즘 마음에 들지 않는 자신의 모습은 무엇인가요?)

지금 모습 그대로 '괜찮다, 인정한다, 사랑한다, 미안하다, 감사하다'라고 말해보세요.

사람에 대해 정화하기

자신, 가족, 연인, 친구, 직장 동료나 상사 등에 대해 느끼는 감정 하나를 떠올려봅니다.

부모님에 대한 원망, 아내에 대한 미움, 남친에 대한 서운함, 부모로서의 두려움, 장녀로서의 부담감, 동생에 대한 서러움, 직장 상사에 대한 분노, ······.

자신에게 어떤 감정이 있는지 알아차려 보세요. 이때 누군가에게 느끼는 핵심 감정을 자각해 봅니다. 그리고 그 감정을 인정해 주세요.

예를 들어, 아빠에 대한 원망이 느껴진다면 다음과 같이 말해 줍니다.

'나는 아빠를 원망하는 내가 괜찮습니다.'

'나는 아빠를 원망하는 나를 인정합니다.'

'나는 아빠를 원망하는 나를 사랑합니다.'

'아빠를 원망하는 나를 미워해서 미안합니다.'

'감사합니다.'

마음이 충분히 가벼워질 때까지 이를 반복합니다. 손가락 끝으로 가슴을 톡톡 두드리면서 소리 내어 말하면 더 효과적입니다.

그런데 여기까지만 하고 끝낼 경우, 과거 감정을 느꼈던 비슷한 상황이 다시 찾아오면 그 감정이 반복해서 생길 수 있습니다. 그래서 생각이나 믿음을 들여다볼 필요가 있는 것입니다.

어떠한 감정이 생기도록 하는 생각이나 믿음이 진실이 아니라는 것을 실제로 알게 되면, 비슷한 상황에서 그 감정이 다시 생기는 패턴과 굴레를 벗어날 수 있습니다.

'믿음 들여다보기'나 '성찰 글쓰기' 등을 하면서 추가적으로 발생하는 감정이 있다면, 그 감정 또한 인정하고 충분히 느끼며 정화해 보세요.

무엇인가에 대해 정화하기

부자, 돈, 집, 자동차, 명품, 보석, 옷, 신발, 풍요, 부, 행복, 사랑, 우정 등에 대해 느껴지는 감정 하나를 떠올립니다.

무엇인가에 대한 핵심적인 생각과 감정을 알아차리면서 정화하는 방법입니다.

예를 들어, 돈이나 부자에 대한 부정적 느낌으로 불편하다면, 자신의 생각과 감정을 다음과 같이 적어보고 자각해 보세요.

'부자는 탐욕스럽다.'

'부자 되기란 어렵다.'

'나는 많은 돈을 감당할 수 없다.'

'부자 되고 싶은 마음을 들키면 부끄럽다.'

그리고 자신의 믿음에 대해서 다음 문장들처럼 3번 이상 말해 봅니다.

'나는 돈을 좋아하면 안 된다고 생각하는 내가 괜찮습니다.'

'나는 돈을 좋아하면 안 된다고 생각하는 나를 인정합니다.'

'나는 돈을 좋아하면 안 된다고 생각하는 나를 사랑합니다.'

'돈을 좋아하면 안 된다고 생각하는 나를 미워해서 미안합니다.'

'감사합니다.'

'나는 부자가 되고 싶은 내가 괜찮습니다.'

'나는 부자가 되고 싶은 나를 인정합니다.'

'나는 부자가 되고 싶은 나를 사랑합니다.'

'부자가 되고 싶은 나를 미워해서 미안합니다.'

'감사합니다.'

마음이 충분히 편안해질 때까지 이를 반복합니다. 손가락 끝으로 가슴을 톡톡 두드리면서 소리 내어 말하면 더 효과적입니다.

마음이 충분히 편안해진 후에, '믿음 들여다보기'나 '성찰 글쓰기'를 통해 추가적으로 정화해 보세요.

인정하고 정화하기

나는 ~하는 내가 괜찮습니다.
나는 ~하는 나를 인정합니다.
나는 ~하는 나를 사랑합니다.
~하는 나를 미워해서 미안합니다.

나를 사랑하고 용서해서 감사합니다.

돈은 원래 가치 중립적입니다. 그저 종이에 불과한 것에 의미를 부여한 것입니다. 돈에 대해 탐욕, 욕망, 수치심, 감당 불가 등의 부정적 느낌이 아닌, 긍정적인 느낌으로 교체해주세요. 그러나 터무니없는 것으로 바꾸지 않아야 합니다. 스스로 말할 때 거리낌이 없고, 자신에게 편안한 긍정적인 문장으로 바꾸어 주는 것입니다.

예를 들어 다음과 같이 바꾸어 보세요.

'나는 돈을 환영합니다.'

'돈은 나에게 고마운 존재입니다.'

'나는 점점 더 부유해지고 있습니다.'

'나는 점점 더 많은 돈을 감당할 수 있습니다.'

'나는 점점 더 많은 부를 기쁘게 맞이하고 있습니다.'

'나는 돈의 흐름을 막고 있는 생각들을 놓아줍니다.'

자신이 원하는 특정 상태를 긍정 확언하여, 의식적으로 담담하게 의도해 보세요.

[무엇]에 대해 긍정 확언하기

나는 ~을 환영합니다.
~은 나에게 고마운 존재입니다.
나는 점점 더 ~을 기쁘게 맞이하고 있습니다.
나는 ~을 사랑합니다.
나는 ~에게 감사합니다.

정화하기

우리는 무엇인가 감사한 일이 생겨야 감사하다고 생각합니다. 물론 일상에서 감사한 일들을 찾는 것은 매우 긍정적인 효과가 있습니다. 감사한 일들을 찾는 습관은 긍정적인 정서 형성에 도움이 됩니다.

그러나 그저 감사할 때, 감사할 일들이 생겨납니다.

사랑 또한 마찬가지입니다.

'난 그 사람이 다정하고 따뜻해서 사랑해.'

'그 사람은 나를 존중해주기 때문에 사랑해.'

'그 사람은 내가 원하는 걸 채워주니까 사랑해.'

그 사람의 기질, 성격, 재산 등이 나에게 만족스러워야 사랑하는 것이 아닙니다. 그저 사랑할 때, 사랑이 점점 더 깊어집니다.

행복도 그러합니다.

'10억이 있으면 난 행복할 거야.'

'멋지고 좋은 사람을 만나면 난 행복할 거야.'

'내가 원하는 회사에 취업하면 난 행복할 거야.'

'다이어트에 성공하면 난 행복할 거야.'

'내가 돈만 있었다면 행복했을 거야.'

'내가 그 사람만 만나지 않았다면 행복했을 거야.'

'내게 그 일만 일어나지 않았다면 행복했을 거야.'

어떤 조건을 만족해야 행복한 것이 아닙니다.

지금 이 순간, 행복을 선택할 때 그저 행복해집니다.

호오포노포노 정화법에 대해 많이 알고 있을 것입니다. 그저 '사랑합니다. 미안합니다. 용서하세요. 감사합니다'를 선택하고 선언함으로써 그 자체로 정화가 되는 것입니다.

일상을 살면서 힘들 때 내면을 정화해 보세요. 그리고 자신이 알지 못하는 무의식에 대해서도 정화해 보세요.

'사랑합니다.'

'미안합니다.'

'용서하세요.'

'감사합니다.'

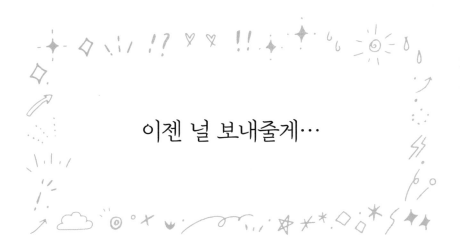

이젠 널 보내줄게…

용서는 아름다운 과정입니다.

우리는 용서를 통해 자신의 과거로부터 자유로워질 수 있습니다. 그러나 아직 미움, 원망, 분노 등의 감정을 충분히 겪어내지 않았다면 용서는 어렵습니다.

먼저 자신의 감정을 '있는 그대로' 인정하고 받아들여야 합니다. 감정이 지나간 후 마음이 어느 정도 편안하다면, 용서의 때가 온 것입니다.

자기 용서하기

우리는 어떤 모습이 되어야 한다고 스스로 옭아맵니다. 그리고 더 나은, 더 멋진 자신이 되지 못했다고 자책합니다. 자신의 실수나 단점을 인정하면 괜찮은 사람이 되지 못할까 봐 두려워합니다. 그러나 누구나 실수를 하고 단점이 존재합니다. 실수하거나 단점이 있는 것은 누구에게나 자연스러운 것입니다.

스스로 미워하고 있는 자신을 용서해보세요. 자신을 '있는 그대로' 사랑하지 못해 미안하다고, 진심으로 자신에게 사과해보세요.

자기 용서 확언하기

'내가 괜찮은 사람이 아닐까 봐 걱정했던 나를 용서합니다.'

'내가 가치 없는 사람일까 봐 두려웠던 나를 용서합니다.'

'내가 사랑받지 못할까 봐 두려웠던 나를 용서합니다.'

'스스로 미워했던 나를 용서합니다.'

'스스로 믿지 못했던 나를 용서합니다.'

'나는 있는 그대로 귀한 존재입니다.'

'나는 있는 그대로 가치 있는 존재입니다.'

'나는 나의 단점을 덤덤하게 인정합니다.'

'나는 나의 실수를 받아들입니다.'

'나는 나를 사랑합니다.'

'나는 나에게 감사합니다.'

부모님 용서하기

내가 어릴 적 진실인지 아닌지 모른 채 무엇인가를 믿었듯, 부모님 또한 진실인지 아닌지 모른 채 믿게 된 것들을 바탕으로 본인의 인생을 살아가십니다.

내가 내 세계 안에서 최선을 다하는 것처럼, 부모님 역시 자신의 세계 안에서 최선을 다하십니다. 각자 최선을 다하지만, 때로는 누군가에게 의도치 않게 상처를 줍니다.

우리는 부모님으로부터의 상처를 간직하고 있습니다. 어릴 적 상처받았던 '내면 아이'를 만나 치유하고, 자신과 부모님을 용서하는 시간이 필요합니다.

용서 확언하기

'상처받은 나를 미워하는 나를 용서합니다.'
'상처받은 나를 사랑하지 못하는 나를 용서합니다.'

'부모님을 미워하는 나를 용서합니다.'
'부모님을 원망하는 나를 용서합니다.'
'부모님을 사랑하지 못하는 나를 용서합니다.'

'이대로 괜찮습니다.'
'나는 상처받은 나를 사랑합니다.'
'나는 지금 그대로의 나를 사랑합니다.'

'나는 내가 존재함에 감사합니다.'

'부모님을 있는 그대로 사랑합니다.'
'부모님께 감사합니다.'

(당신이 부모님으로부터 배운 것은 무엇인가요?)

자녀 이해하기

만약 자녀가 있다면, 자녀의 존재에 대해 숙고해보세요.

자녀는 부모에게 종속된 존재가 아닙니다. 자녀를 독립된 존재로 존중해주어야 합니다. 만약 존중해주지 못했다면 자녀에게 진심으로 사과해보세요.

부모와 자식의 인연은 참으로 엄청납니다. 그렇지만 너무 가까이 살아가기에 상처 또한 큽니다. 서로 존중하며 더불어 성장하는 관계가 되어보세요.

용서 확언하기

'자녀를 판단하는 나를 용서합니다.'
'자녀에게 상처 주는 나를 용서합니다.'
'자녀를 미워하는 나를 용서합니다.'
'자녀를 믿지 못하는 나를 용서합니다.'

'자녀를 있는 그대로 사랑하지 못하는 나를 용서합니다.'
'미안합니다. 사랑합니다.'

'나의 자녀는 있는 그대로 귀한 존재입니다.'
'나의 자녀는 있는 그대로 가치 있는 존재입니다.'
'나의 자녀는 나와는 독립된 존재입니다.'
'나는 지금 그대로의 자녀를 사랑합니다.'
'나는 자녀의 존재에 감사합니다.'

자녀가 당신을 통해 이 세상에 온 이유는 무엇인가요?
자녀의 삶이 펼쳐지도록 당신은 무엇을 도울 수 있나요?

당신은 자녀로부터 무엇을 배울 수 있나요?

타인 용서하기

자신과 부모님 이외에도 상처를 준 누군가가 있을 것입니다. 종국에는 그 사람 또한 용서할 수 있을 때, 온전한 평화가 찾아옵니다. 만약 큰 상처가 남아있다면, 용서의 과정은 매우 길 수 있습니다.

그리고 그 고통과 기억을 움켜잡고 힘들어하는 자신 또한 용서하고 놓아주는 과정이 필요합니다.

용서 확언하기

'누군가를 미워하는 나를 용서합니다.'

'누군가를 원망하는 나를 용서합니다.'

'그 기억을 부여잡고 있는 나를 용서합니다.'

'상처받은 나를 미워하는 나를 용서합니다.'

'상처받은 나를 사랑하지 못하는 나를 용서합니다.'

'이대로 괜찮습니다.'

'나는 상처받은 나를 사랑합니다.'

'나는 지금 그대로의 나를 사랑합니다.'

'나는 내가 살아있음에 감사합니다.'

안녕! 내면 아이!

　'내면 아이'는 상처받아 생긴 감정을 해소하지 못한 채, 마음속에 고착된 아이와 같은 속성이라고 말할 수 있습니다. 우리의 내면에는 상처받았던 순간의 미성숙함과 감정들이 켜켜이 남아있을 수 있습니다.

　예를 들어, 다음과 같은 상처와 고통이 내면에 있습니다.

　'난 그동안 너무 힘들고 슬펐어.'

　'난 혼자였어. 너무 외로웠어.'

　'모두가 나를 미워해.'

　'엄마는 나를 사랑하지 않았어. 동생을 더 좋아했어.'

　'내가 상처받았을 때 아무도 위로해 주지 않았어.'

　'엄마는 나 때문에 불행했어. 난 나쁜 아이야.'

'엄마가 며칠 있다 돌아온다고 했는데, 나를 버렸어.'

'아빠가 나를 때렸어. 너무 무서웠어.'

특히 어린 시절에 충분히 사랑받지 못했거나 필요한 욕구를 충족하지 못해 생긴 상처와 고통이 내면에 결핍으로 남아있을 수 있습니다.

우리는 상처받은 아이의 억압된 감정이 무의식에 고착된 채로 어른이 됩니다. 몸은 커졌지만, 여전히 마음 한구석에는 4살, 7살짜리 아이와 같은 속성이 있습니다.

정서적으로 미성숙한 채로 고착된 내면 아이는 삶에서 부정적인 영향을 끼칩니다. 억압, 투사, 동일시, 자기합리화 등의 방어기제를 만들어 인생 전체에 영향을 미칩니다. 상처받은 내면 아이를 계속 품고 살아가면, 특정 부분에서 과도한 반응을 하게 됩니다. 또 특정 사람을 공격하거나 의존하게 됩니다. 또는 알코올, 일, 운동, 스마트폰, 게임, 도박, 종교 등에 지나치게 빠지게 됩니다.

그리고 내면 아이가 치유와 회복을 하지 못한 채로 부모가 되면, 내면 아이의 미성숙함이 그대로 드러나서 그러한 성향이 자식에게 대물림될 수 있습니다. 이것이 우리의 슬픈 현실입니다.

자신의 내면 아이의 상처를 알고, 결핍을 인식하고 회복시키며 돌봐주어야 정서적으로 건강하고 편안해집니다. 내면 아이를 외면하면 자신과 온전하게 만날 수 없고, 자신을 진정으로 사랑하기도 어려워집니다.

내면 아이의 상처가 매우 크면 수치심, 죄책감 등에 중독될 수 있습니다. 그러면 자신이 늘 부족하거나 잘못하는 것처럼 느끼게 됩니다. 이럴 땐, 정말 많은 치유와 회복이 필요합니다.

자신의 상처받은 내면 아이를 충분하게 수용하고 돌봐주세요.

우리나라는 지금껏 경제 발전을 최우선 목표로 삼아 쉬지 않고 달려왔습니다. 그리고 2021년 7월 유엔무역개발회의(UNCTAD)에서 우리나라의 지위가 개발 도상국에서 선진국 그룹으로 변경됐습니다. 외면적인 발전에 중점을 둔 결과입니다. 그러는 동안 가정, 학교, 사회에서 자신의 내면을 어떻게 돌보고 관리해야 하는지는 잘 배우지 못했습니다. 기성세대는 인권, 기본권 등을 보장받지 못했거나, 부모로부터 내면적인 돌봄을 받아보지 못한 경우가 많았습니다.

이제는 내면적인 성장과 외면적인 성장의 균형을 맞출 때입니다. 내면적인 성장을 위해, 자신 안의 상처를 들여다보고 수용함으로써 용서하고 치유하는 시간이 필요합니다. 자신과 그 누군가를 기꺼이 용서해보세요. 그리고 자신의 결핍을 스스로 채워 회복하는 연습과 자신을 '있는 그대로' 사랑하는 연습을 해보세요.

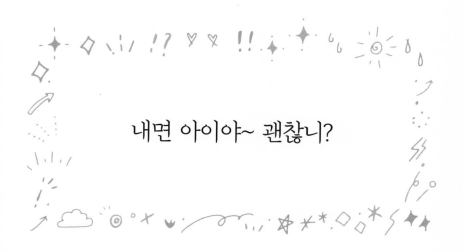

내면 아이야~ 괜찮니?

감정을 온전하게 느끼고 경험하면 그것이 지나가는 것처럼, 내면 아이의 상처, 고통, 슬픔 등을 온전하게 재경험하여 완결하면 그것들은 사라집니다.

남아있는 감정을 충분히 느끼고, 억압된 생각과 믿음을 표현하면 치유가 시작됩니다. 어린 시절 해결하지 못했던 내면 아이의 슬픔에 대해 충분하게 공감해주고, 그때 받고 싶었던 위로를 따뜻하게 해주어야 합니다.

내면 아이에게 담담하게 진실을 말해서, 어릴 적 제대로 처리하지 못했던 경험을 새롭게 인식할 수 있도록 도와줘야 합니다.

자신의 내면 아이를 주기적으로 만나 돌봐주고 회복시켜줘야 마음이 편안해지고, 성숙하게 됩니다.

내면 아이를 위한 치유 명상

편안하고 안전한 환경에서 명상해보세요. 눈을 감고 이완하면 좋습니다.

자신 안에 상처받은 아이를 느껴봅니다.

그 아이가 몇 살쯤인지 느껴봅니다. 그 아이의 기분이 어떠한지 느껴봅니다.

다정하게 이야기해줍니다.

"○○야, 괜찮니?"

……

"○○야, 외로웠지? 그동안 널 찾지 않아서 미안해."

……

"○○야, 무엇 때문에 힘드니?"

……

힘들고 슬픈 내면 아이에게 따스하게 공감해줍니다. 비난, 판단, 조언 등은 하지 마세요. 내면 아이의 상처, 아픔, 감정 등을 충분히 들어준 후에, 그 아이에게 해주고 싶은 말, 그 아이가 듣고 싶었던 말을 따뜻하게 해주며 위로해 주세요. 사랑을 전해주세요.

깊은 상처, 트라우마가 있다면, 전문가와의 상담, 치료를 권합니다.

○○야~

그때 정말 힘들었지?
힘들어해도 괜찮아.
슬퍼해도 괜찮아.
그건 너의 잘못이 아니야.

그동안 위로해 주지 못해서 미안해.
그동안 힘든 너를 혼자 두어서 미안해.
정말 미안해. 용서해줘.

너는 귀한 존재야.
진심으로 사랑해.
이제부터는 너와 함께 할게.

안녕!
또 보자!

치유하러 떠나보자!

치유 글쓰기

내면 아이를 만났던 상황, 과거에 상처받았던 상황, 요즘 힘든 상황 중에서 한 가지에 대해 글을 써보세요. 솔직하고 자유롭게 당신의 생각, 감정, 상처, 고통 등에 대해 적어보세요. 말이든 글이든 표현하고 드러내면 치유가 크게 일어납니다.

치유 말하기

자신의 이야기를 진심으로 들어줄 사람에게 상처와 아픔을 이야기하면, 공감과 위로를 통해 치유가 찾아옵니다. 자신을 전적으로 지지해주고 공감해주며 신뢰하는 친밀한 사람에게 이야기해보세요.

치유 편지 쓰기

어느 시점의 자신이나 현재의 자신에게 위로 편지를 써보세요. 공감, 수용, 이해, 사랑을 바탕으로 스스로 위로해보세요. 판단, 비난, 후회, 조언 등은 하지 마세요.

자책이나 후회는 자신의 선택이 마음에 들지 않아 스스로 미워하는 것입니다. 이미 일어난 일에 대해서 하는 후회나 비난은 필요하지 않습니다. 일어난 일은 온전히 경험하고 흘려보내면 됩니다.

다음과 같은 내용 중에서 쓰고 싶은 말을 써보세요.

지금의 내가 힘들었던 때의 나에게 해주고 싶은 말.

힘들었던 때의 내가 정말 듣고 싶었던 위로의 말.

상처받았을 때, 진심으로 듣고 싶었던 사과의 말.

스스로 미워하고 자책한 자신을 용서하는 말.

……

그리고 자신에게 소리 내어 진심으로 읽어주세요.

정답은 없습니다. 자신이 정말로 존귀하고 사랑받아 마땅한 존재임을 따뜻하게 들을 수 있으면 됩니다. 자신이 정말로 듣고 싶었던 말을 들으면 됩니다.

상처가 깊다면, 한 번으로 치유되지 않을 수 있습니다. 할 수 있는 범위에서 수용되고 용서되는 만큼 천천히 주기적으로 해보세요.

상처가 치유되고 편안해지면, 과거 경험의 의미를 음미해보
세요.

그 경험이 의미하는 바는 무엇인가요?
그 경험으로부터 무엇을 배울 수 있나요?

멘탈을 관리해야 인생이 달라진다

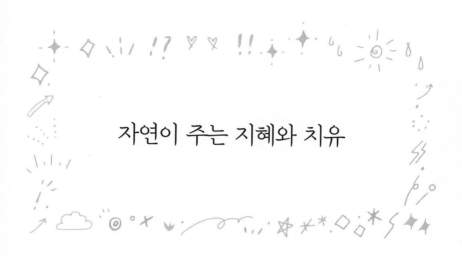

자연이 주는 지혜와 치유

우리는 자연 안에서 살아갑니다. 힘들고 지칠 때, 자연이 주는 위로와 치유의 에너지가 있습니다. 그리고 자연 안에서 지혜를 배울 수 있습니다.

저는 하늘, 바다, 강, 산, 달, 별, 바람, 비, 숲, 나무, 새소리, 계곡물 소리, 파도 소리 등을 좋아합니다.

하늘을 보면 우주와 본질에 연결되는 것처럼 느껴집니다. 세상을 밝게 비추는 태양이 모든 생명을 돌봐주는 것 같아 좋습니다. 밤하늘 달과 별이 주는 마음의 위안이 좋습니다.

바다의 일렁이는 파도는 마치 인생의 굴곡처럼, 감정의 파동처럼 느껴집니다. 우리네 삶이 바다를 항해하는 것처럼 느껴집니다.

산이 내어주고 품어주는 넉넉함이 좋습니다. 산을 오르는 것이 목표를 향해 가는 인생 여정과 같이 느껴집니다.

바람을 느끼고 빗소리, 새소리, 계곡물 소리, 파도 소리를 들으면, 일상에서 벗어나 이완되고 힐링되어 좋습니다.

숲이 전해주는 치유의 에너지와 평온함이 좋습니다.

항상 품어주고, 살아갈 힘을 주는 자연의 치유 에너지와 지혜에 감사해보세요. 자연을 '있는 그대로' 느껴보세요.

당신은 어떤 자연을 좋아하나요?
당신이 힐링되는 장소는 어디인가요?
자연은 당신에게 무엇을 전해주나요?

4. 진짜 나로 살아가기

자신으로 돌아가는 길!

자신이 아닌 모습들을 비우라.
자신을 존중하며 내면에 귀 기울이라.
자신의 본성대로 살라.

오늘도 가면무도회!

우리는 각자 자신이 원하는 모습을 갈망하고, 또 그렇게 되고자 애쓰기도 합니다. 그런데 현실에서의 모습이 원하는 모습에서 벗어나게 되면 실제 모습을 숨기고, 스스로 책망하거나 자신을 미워할 수 있습니다. 원하는 모습처럼 되려고 애쓰다 보니 힘들어지는 것입니다.

'난 착한 사람이 될 거야!'

'난 좋은 사람이 될 거야!'

'난 멋진 사람이 될 거야!'

'난 유능한 사람이 될 거야!'

'난 완벽한 사람이 될 거야!'

'난 지혜로운 사람이 될 거야!'

'난 가치 있는 사람이 될 거야!'

'난 사랑받는 사람이 될 거야!'

당신은 어떤 사람이 되고 싶나요?
어떤 사람이 되고자 애쓰나요?

이를테면, '착한 가면'을 쓰고 착한 사람인 척 애쓰면서 살아가면, 진짜 자신으로 살아가지 못합니다. 착하지 않은 모습은 숨기게 되고, 그러한 자신을 사랑할 수 없어 미워하게 됩니다. 그러면 마음은 점점 더 공허해지며 힘들어집니다.

저는 오랜 세월 '좋은 사람'이란 가면을 썼습니다. 그리고 완벽한 척, 모두에게 좋은 사람인 척하며 그렇게 되고자 애썼습니다. 그럴수록 몸은 탈진되고 마음은 씁쓸해져 갔습니다.

하지만 마음공부를 하면서부터 더는 모두에게 좋은 사람일 필요는 없다는 걸 인식하게 되었고, 그런 가면을 내려놓을 수 있었습니다. 내가 모든 사람을 좋아하지 않듯, 모두가 나를 좋아해 줄 필요도 없습니다. '좋은 사람' 가면을 벗고 나니 자유롭기도 했지만, 한편으로는 평판이 걱정되기도 했습니다. 그러나 내가 마음 편하고 자연스러운 것이 우선이었습니다.

물론 타인을 배려하지 말라는 것이 아닙니다. 모든 것은 과유불급이라, 뭐든 지나치면 탈이 나는 법이니 애쓰지 말자는 이야기입니다. 선한 마음으로 소중하고 친밀한 사람들을 배려하는 마음은 아름답습니다.

우리는 궁극적으로 성장과 성숙을 지향합니다. 그렇다고 해서 더 나은 자신이 되고자 애쓸 필요는 없습니다. 애쓴다는 것은, 자신이 마음에 들지 않는다는 것입니다. 지금보다 더 나은 모습에 집착하면서 그 모습을 자신에게 강요할수록 우울해지고 자신을 미워하거나 자책하게 됩니다.

당신이 그동안 써왔던 가면은 무엇인가요?
'착한 가면', '좋은 가면', '멋진 가면', '유능한 가면', '완벽한 가면', '지혜로운 가면', '사랑받는 가면', '존재 가치를 증명하는 가면', ……

그동안 당신이 어떤 가면의 존재로 살고자 애써왔다면, 그리해 온 자신을 이젠 토닥여 주세요. 지금 모습 그대로 괜찮다고, 스스로 말해 주세요. 지금 '있는 그대로'의 자신을 인정해주고 사랑해 주세요.

○○야!
그동안 참 애썼어……

[착한] 사람이 되려고 애쓰느라
많이 힘들었지?
그동안 미워해서 미안해.

○○야, 지금 모습 그대로 괜찮아.

있는 그대로 사랑해.

고마워.

많은 사람이 가면을 쓰고 있다는 사실을 모르는 채 살아갑니다. 완벽한 척, 착한 척, 좋은 사람인 척, ……

그런 모습이 마치 진짜 자신인 것처럼 애쓰며 살아갑니다.

물론 가면은 필요하기도 합니다. 그런데 어떠한 때, 어떤 가면을 쓰고 사는지는 알아야 합니다. 언제 그 가면이 유용한지, 언제 그 가면을 벗을지는 알아야 합니다. 그러면 가면에 집착하여 그 가면처럼 되려고 애쓰지 않게 됩니다.

'있는 그대로'의 나로 살아가되, 필요한 때에 적절한 가면을 쓰고 벗어보세요.

당신은 어떠한 때 어떤 가면을 쓰는지 인지하고 있나요?

그 가면이 자신이라고 생각하나요?

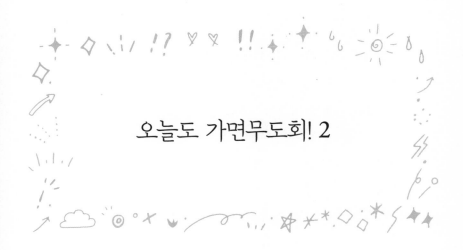

오늘도 가면무도회! 2

페르소나는 사회적 자아인 'ㅇㅇ로서의 나'이기도 합니다.

가족관계에서 엄마로서의 나, 아내로서의 나, 딸로서의 나, 누나로서의 나, 며느리로서의 나가 있습니다. 사적인 관계에서는 친구로서의 나, 애인으로서의 나, 동호회에서의 나, 각종 모임에서의 나가 있습니다. 사회적 관계에서는 직장인으로서의 나, 사업가로서의 나, 직장 동료로서의 나, 직장 선배나 후배로서의 나가 있습니다.

당신은 수많은 역할 중에서 어떤 내가 힘든가요?
ㅇㅇ로서의 내가 어떻게 보이길 원하나요?
ㅇㅇ로서의 나는 실제로 어떤 사람인가요?

당신이 'ㅇㅇ로서의 나'의 실제 모습이 아닌, 어떤 원하는 모습처럼 되고자 애써왔다면, 이젠 그런 모습을 내려놓아야 합니다. '이번 생은 처음이라', '나도 부모는 처음이라'는 말처럼, 모르는 것이 많고 실수하는 것도 당연합니다. 어떤 모습이 되어야만 한다고 자신을 힘들게 한, 바로 그 생각을 내려놓으세요.

실제 자신의 모습을 '있는 그대로' 인정해주세요. 그 모습 그대로 괜찮습니다. 그동안 애써온 자신을 토닥이며 위로해 주세요.

ㅇㅇ야!
그동안 참 애썼어……

[좋은] [엄마]가 되려고
애쓰느라 많이 힘들었지?
그동안 미워해서 미안해.

ㅇㅇ야, 지금 모습 그대로 괜찮아.
있는 그대로 사랑해.
고마워.

진짜 난 누구?

　인간은 영혼, 정신, 몸, 에너지 등 다차원적으로 존재합니다. 그런데 영혼, 정신, 몸 등의 작동 메커니즘이 일원화되어 있지는 않습니다.

　예를 들어 어릴 적 부모님의 말씀과 행동이 머리로는 이해되어도, 가슴으로는 받아들여지지 않아 상처로 남아있다면 '그래, 부모님도 살기 힘드셨으니 그럴 수 있지' 하고 생각하면서도 과거를 떠올리면 아직도 서운하거나 억울하거나 두렵기도 합니다.

　머리로는 훌륭한 배우자감이라고 판단하지만, 전혀 끌림이나 느낌이 없기도 합니다.

　몸에 좋은 건강한 음식이라고 생각하지만, 거부의 신호를 보내는 몸의 직관이 작동하기도 합니다.

당신은 머리와 가슴, 생각과 느낌 등이 서로 다를 때 어떤 것을 따르나요? 경험적으로 어떤 것을 따를 때 더 만족스럽고 행복한 가요?

위의 예에서 알 수 있듯, 생각과 달리 감정, 가슴, 느낌, 몸, 직관 등을 존중하면 대개 더 만족감을 얻게 됩니다.

당신에게 부모님에 대한 감정이 아직 남아있다면, 그런 감정을 인정하고 그때의 '내면 아이'의 상처를 위로하며 치유하는 과정을 통해 회복할 수 있습니다.

어떤 이를 훌륭한 배우자감이라고 판단하여 마음에도 없는 결혼을 하게 되면, 물질적으로 풍족할지라도 행복하지 못할 가능성이 큽니다.

몸이 직관을 통해 먹지 말라는 신호를 보내면 먹지 않는 게 좋습니다. 우리의 몸은 많은 것들을 감지하여 전해줍니다. 몸은 어떤 상황에서 자신에게 필요한 것과 필요하지 않은 것을 느낌의 신호로 알려줍니다.

그렇다면 영혼, 정신, 몸 가운데 어떤 것이 '진짜 나'일까요?

'진짜 나'는 영혼, 참나, 진아, 관찰자 등으로 표현합니다.

데이비드 호킨스는 "참나에 대해 아는 것이 필요한 게 아니라, 그저 참나 아닌 것을 놓음으로써 참나가 될 필요가 있을 뿐입니다."라고 말합니다. '나'라는 환상인 에고가 제거될 때 참나가 드러나는 것입니다.

마인드로는 참나를 이해하기 어렵습니다. 왜냐하면, '궁극적인 실제'는 언어로 설명할 수 없는 마인드 너머에 있기 때문입니다. 언어는 편리함을 주는 유용한 도구이지만, 동시에 무엇인가에 대한 의미를 제한하기도 합니다. 그러므로 언어로써 '진짜 나'를 표현하는 것에는 한계가 있습니다.

또한 "생각은 기억과 언어화된 것들의 결과"라고 지두 크리슈나무르티는 말합니다. 그러므로 생각 역시 '진짜 나'를 아는 것에는 한계가 있습니다. 마인드에 의한 생각을 내려놓을 때 '진짜 나'가 드러나는 것입니다.

마이클 싱어는 "당신은 참나의 자리로부터 감각을 통해 생각과 감정과 온 세상이 들어오는 것을 인식한다. 자신이 그것을 인식하고 있음을 안다."라고 말합니다. 생각, 감정, 경험 등을 인식하고 있음을 아는 존재가 바로 '진짜 나'라는 것입니다.

많은 사람이 책에서 '목격자', '관찰자'라는 표현을 씁니다. 그것은 모든 것을 인식하고 바라보는 존재를 말합니다. 이러한 표현은 메타인지를 통해 알아차리는 존재를 뜻하기도 합니다.

생각, 기억, 감정, 경험 등은 '진짜 나'가 아닙니다. 이것들을 하나씩 지워나간다면, 마지막에는 무엇이 남을까요? 생각을 떠올리고 지우는 존재, 생각이 있는지 없는지를 인식하는 존재가 남습니다. 그가 바로 목격자이자 관찰자입니다.

한편, 사람들에게 보이고 싶은 모습인 페르소나는 '진짜 나'가 아닙니다. 가면을 적절하게 활용하는 것은 괜찮지만, 그 가면을 진짜 자신이라고 착각하거나 집착하면, 그 가면처럼 되려고 애쓰느라 힘들어집니다.

더욱이 자기애가 강한 사람은 자신의 행위나 특질에 과도하게 큰 의미를 부여하고, 자신을 지나치게 중요하게 여깁니다. '진짜 나'를 존중하고 사랑해야 하지만, 나르시시즘에 빠지지는 않아야 합니다.

진짜 나는 누구일까요?
진지하게 묵상해 보세요.

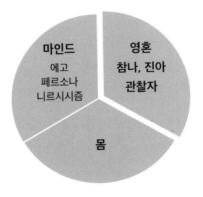

영혼의 느낌

"내 존재의 깊은 중심을 바라본다.
그리고 나의 모든 부분이 순수 영혼이라는 것을 본다.
순수한 영혼이자 순수한 빛이며 순수 에너지이다."
_루이스 헤이

영혼은 생각이 아닌 느낌으로 드러납니다.

당신이 영혼의 느낌을 따른다면, 어떤 어려움이 있더라도 깊은 만족감과 행복감이 따라올 것입니다. 영혼의 느낌을 따른다고 해서 어려움 자체가 없는 것은 아닙니다. 필요하다면 어려움이 찾아올 수도 있습니다. 어려움이 있더라도 영혼의 느낌을 존중하면, 깊은 내면에서의 진정한 기쁨을 느끼게 됩니다.

당신이 마인드의 생각을 따른다면, 찜찜함, 불편함, 불만족감 등이 따라오게 될 것입니다. 원하는 것을 얻거나 사람들의 인정을 받더라도 개운하지 않을 것입니다. 어떤 상황에서 자신을 생각으로 설득하고 있다면, 그것은 마인드의 속임수입니다.

예를 들어 결혼을 결정할 때, 상대가 얼마나 괜찮은 사람인지를

<u>스스로</u> 설득하고 있다면, 그것은 마인드의 생각이지 영혼의 느낌이 아닙니다. "이 정도면 괜찮은 사람 아냐? 직업 확실하지, 돈 잘 벌지, 집안 괜찮지, 키 크지, 잘 생겼지, 잘해주지, ……"

마인드는 모든 것을 통제할 수 있고, 모든 것을 안다고 착각합니다. 마인드가 지배하는 삶을 살면 진정으로 행복하지는 않습니다. 아무리 부자와 결혼했어도, 결혼을 생각으로 결정했다면 진정으로 행복하진 못할 것입니다.

영혼의 느낌을 존중하는 그 자체가 풍요로움입니다. 당신이 영혼의 느낌을 따르면 자신의 길로 올바르게 나아갈 수 있습니다. 그러면 일어날 일은 일어나고, 그 안에서 경험할 것은 경험하게 됩니다.

그러나 만약 에너지가 너무 정체되어 있으면, 내면에 귀를 기울이기 어렵습니다. 그럴 땐 자신을 치유하고 정화하면서 회복하는 것이 우선입니다.

당신은 무엇인가를 결정해야 할 때,
영혼의 느낌을 따르나요? 마인드의 생각을 따르나요?

멘탈을 관리해야 인생이 달라진다

자기기만 알아차리기

"우리가 특정한 행동을 하면서도
자신은 그런 행동을 하지 않는다고 믿으려 할 때
즉, 자기기만을 할 때 상자 안에 들어갑니다."
_《상자 밖에 있는 사람》

당신이 진짜 자신으로 올바르게 살아갈 때, '진짜 나'를 존중하며 기만하지 않을 때, 진정으로 기쁘고 풍요로울 수 있습니다.

책《상자 밖에 있는 사람》은 '상자 안'과 '상자 밖'이라는 표현을 통해 당신이 '에고'로 존재하는지, '진짜 나'로 존재하는지를 알아차릴 수 있게 해줍니다.

예를 들어 부모가 갓난아이를 키울 때, 아이가 한밤중에 깨서 웁니다. 그 소리를 듣고 아이를 돌봐야 한다는 것을 알지만, '상대방이 일어나겠지' 생각하면서 안 깬 척하거나 다시 잡니다.

어느 순간 해야 할 일이 떠오르면, 곧이어 에고가 발동해 스스로 기만하기 쉽습니다.

'내가 왜?'

'뭐, 이렇게까지 해야 해?'

'내가 손해지. 내가 바보인 줄 알아?'

'왜 나만 해? 미쳤어?'

'이거 꼭 내가 해야 해? 누군가 하겠지.'

'그냥 적당히 해. 누가 알아준다고.'

이런 에고의 속삭임에 현혹되지 말아야 합니다. 그러나 이것에 이미 익숙하다면, 에고가 자신을 기만하는지 모를 수도 있습니다.

작은 기만들이 모이면, 당신은 점점 더 '진짜 나'로부터 멀어지게 됩니다. 처음에 자기기만을 별것 아니라고 무시하기 시작하면, 자신의 길에서 조금씩 멀어져 언젠간 자신의 인생 항로에서 벗어나게 됩니다.

당신이 만약 다음과 같은 상태라면, 자각하고 정신 차려야 합니다.

'내가 옳다고 정당화합니다.'

'누군가를 탓하거나 비난하거나 원망합니다.'

'나를 탓하며 자책합니다.'

'누군가와 비교합니다.'

'누가 잘했다, 잘못했다', '이렇게 하는 것이 옳다, 그르다', '이것이 좋다, 나쁘다' 등으로 분별합니다.

'설마 되겠어?', '내가 그렇지, 뭐…' 등 비관적으로 반응합니다.

'무엇인가에 집착합니다.'

이런 때에는 즉시 자기기만을 알아차리고 현실에 대한 저항을 멈춰야 합니다.

(　당신이 자신을 기만할 때, 그것을 알아차리나요?)

우리는 다양한 인간관계 속에서 살아갑니다. 그중에는 특히나 자신을 기만하는 관계가 있습니다.

예를 들어 직장에서 상사에게는 자기기만 상태로, 동료에게는 깨어있는 상태로 대응하기도 할 것입니다. 가정에서 시부모님에게는 자기기만 상태로, 자녀에게는 깨어있는 상태로 대응하기도 할 것입니다.

어떤 관계를 자기기만 상태로 이어간다면, 갈등이 생기거나 심해집니다. 급기야 결딴이 날 수도 있습니다.

{ 　당신은 어떤 관계에서 자신을 기만하나요?
　그 관계를 개선하기 위해 무엇을 해야 할까요? }

내면에서 무엇인가를 해야 한다는 느낌이 들었다면, 그냥 해보세요. 에고가 작동하면, '아, 에고가 작동하는구나. 요동치는구나.'를 알아차리고 그저 해야 할 일을 해보세요.

몸이 말해요!

생각은 과거나 미래로 오고 가지만, 몸은 항상 현재를 경험합니다. 우리는 몸을 통해 현존합니다. 우리의 몸은 많은 것들을 감지하고 인식하며, 그에 따라 반응합니다. 예를 들어, 육감이나 직감이 더 정확한 무엇을 인지할 때가 있고, 그에 따라 본능적으로 행동하기도 합니다.

또한 자신의 진실이 몸을 통해 나타나기도 하고, 몸이 자신의 진실로 드러나기도 합니다.

무의식적인 표정이나 보디랭귀지를 통해서도 태도나 감정 등이 드러납니다. 가령 상대의 말을 들으며 가슴 앞쪽으로 팔짱을 끼는 행동은 방어적이거나 부정적인 태도를 나타내는 것입니다.

그리고 나이 들어 나타나는 인상은 그 사람의 삶을 반영합니다.

우리는 자신의 몸을 존중하며 주의를 기울여야 합니다.

만약 몸의 통증이 있다면, 그것은 몸이 신호를 보내는 것입니다. 그러할 땐, 충분히 쉬거나 자신의 습관, 자세, 에고 등을 돌아볼 필요가 있습니다.

당신은 몸이 보내는 신호를 감지하나요?
그 신호를 존중하나요?

"'내부권위'는 의사결정 시스템을 통칭하는 표현이다.
'내부권위'는 한 사람이 자신으로 존재할 수 있게 해주고,
자신다운 의사결정을 내릴 수 있게 해주는
유일하게 신뢰할 수 있는 메커니즘이다."
_《인간 메커니즘》

'휴먼 디자인'에 따르면, 사람마다 자신에게 올바른 의사결정 시스템인 '내부권위'가 존재하는데, 그것은 몸의 어떤 느낌으로 통칭할 수 있습니다.

'내부권위'는 종류마다 매우 다른 방식으로 작동합니다. 누군가는 직감, 육감, 직관 등에 따라 즉흥적인 몸의 신호를 따르는 것이 자신에게 올바른 것입니다. 또 누군가는 감정적 명료함을 얻기 위해 기다리는 것이 자신에게 올바르기도 합니다. 또 다른 누군가는 질문 형식을 통해 몸의 에너지가 충분하게 느껴지는 반응을 따르는 것이 자신에게 올바르기도 합니다. 이외에도 각자에게 올바른 몸의 신호는 더 존재합니다.

우리의 몸은 자신만의 진실을 압니다. 몸은 자신에게 올바른 것을 알려줍니다.

자존감 플렉스

소셜 네트워크에서 돈, 명품, 자동차 등을 플렉스하는 사람들이 매우 많습니다.

재력이나 귀중품 이외에 진정한 플렉스로는 무엇이 있을까요? 아마도 자존감 플렉스일 것입니다. 자신을 존중하고 신뢰한다면 뭐든 가능할 것입니다. <u>스스로 존중하면, 자신의 올바른 길로 나아갈 것입니다.</u> 스스로 신뢰한다면, 설령 어려움이 닥치더라도 감당할 수 있습니다. <u>자존감은 당당하고 만족스럽게 살아가도록 해주는 큰 자산입니다.</u>

만약 '내면 아이'에게 결핍이 있다면 자존감이 낮을 수 있습니다. 자존감이 낮은 사람은 자존심을 세우거나 자신의 가치를 증명하려고 애쓰거나 무기력할 수 있습니다. 그러나 자신의 가치를 증명하려고 애쓰다가 사소한 실수나 갈등으로 자존심이 건드려지면 한없이 추락하게 됩니다.

자신의 가치를 증명해야만 귀한 존재가 되는 것이 아닙니다. 자신의 존재는 타인으로부터 가치를 인정받아야 하는 것이 아닙니다. 자신의 존재를 반드시 증명할 필요도 없습니다. 그저 귀한 존재임을 스스로 인정하면 됩니다.

우리는 모두 귀한 존재입니다. 존재하는 그 자체가 의미를 갖습니다. '내면 아이'의 결핍을 회복하여 자신을 '있는 그대로' 사랑하고 존중해주세요. 긍정적인 자아상으로부터 자신감이 나오게 됩니다.

우리 사회는 '완벽한 인간상', '필요한 인재'를 정해놓고, 그것을 향해 달려가는 교육을 하고 있습니다.

사회가 정해놓은 '괜찮은 사람'이란 기준이나 '완벽한 인간상'과 자신을 비교하면서 스스로 괜찮지 못한 사람이라고 판단하고 있진 않나요?

'공부도 잘하고 운동도 잘하고 좋은 사람이어야 하는데, 난 그렇지 못해. 괜찮은 사람이 아닌가 봐.'

'난 성적이 좋지 못해. 가치 없는 사람인가 봐.'

'성적이 떨어졌어. 난 쓸모없나 봐.'

'유능하고 대인관계도 좋아야 하는데, 난 그렇지 못해. 그래서

사람들이 날 좋아하지 않나 봐. 내가 그렇지, 뭐…….'

'난 외모가 멋지지 못해. 사랑받을 자격이 없어.'

'이번에 승진하지 못했어. 난 무능한가 봐. 아무도 날 인정해주지 않겠지?'

'이번에 프로젝트를 따내지 못했어. 난 역시 해낼 수 없나 봐.'

자신을 외부 기준과 비교하면서 스스로 부정적으로 판단하거나 미워하면 자존감은 추락하게 됩니다. 그러나 그런 판단이나 생각은 진실이 아닙니다.

자신을 외부 기준이나 타인의 평가에 맞추려고 하면 모두를 만족시킬 수 없으므로, 아무리 열심히 해도 자존감은 올라가지 못합니다.

지금 모습 그대로 서로를 인정해주고 존재 자체를 귀하게 여기는 가정과 학교, 사회가 되도록 함께 노력해야 합니다.

당신은 자신을 얼마나 존중하나요?
자신을 존중하기 위해 무엇을 해야 하나요?

자신을 존중하기 위해 해야 할 일은 거창한 것이 아니어도 좋습니다. 당신이 먹고 싶다고 느낀다면 감사하게 먹으면 됩니다. 당신이 원하는 것을 자신에게 선물할 수도 있습니다. 당신이 원하는 분위기로 방을 바꾸어 보거나 필요 없는 짐들을 정리하여 안

락한 공간을 만들 수도 있습니다. 배우고 싶은 것을 배울 수도 있습니다. 하고 싶은 것을 할 수도 있습니다. 당신을 존중하지 않는 사람들에 대해 인맥 다이어트를 할 수도 있습니다. 너무 피곤하거나 힘들다면 휴식을 허용할 수도 있습니다.

자신에게 따뜻함, 편안함, 안락함, 만족감 등을 선물해주세요. 자신의 내면의 느낌을 존중해주세요.

자신이 하고 싶은 것 중에서 해낼 수 있는 작은 성공부터 하나씩 실천해 보세요. 그것들을 성취해내는 경험을 통해서 자신에 대한 신뢰가 점점 쌓이게 되고 자존감도 올라갈 것입니다.

(당신이 이루어낼 수 있는 작은 성공, 성취는 무엇인가요?)

자존감 들여다보기

만약 어린 시절에 잘못했다고 많이 혼났다면, 자신이 부적절하다고 믿을 수 있습니다. 그러면 자신이 적절한 사람이라는 것을 증명하기 위해 애쓸 수 있습니다. 자신이 잘해야 가치 있는 사람으로 인정받을 수 있다고 믿게 되는 것입니다.

또는 어린 시절에 다음과 같은 말을 들으면서 자랐다면, 자신의 존재 자체를 부정당했다거나 사랑받지 못했다고 느낄 수 있습니다.

"너 때문에 내가 못 살아."

"너 때문에 내 꿈을 포기했어."

그러면 자신의 존재 가치를 증명하거나 사랑받기 위해 애쓰게 됩니다.

만약 당신의 자존감이 높지 않다고 느낀다면, 스스로 내면을 들여다보아야 합니다.

당신은 무엇을 증명하고자 애쓰나요?
또는 당신은 무엇 때문에 무기력한가요?

언제부터 증명하고자 애쓰게 되었는지, 또는 무기력해졌는지 돌아보세요. 자신을 이해하는 시간을 가져보세요.

당신 안에는 어떠한 결핍이 있나요?
무엇을 채우고자 애쓰고 있나요?

결핍이 생긴 시절의 '내면 아이'를 만나보세요. 내면 아이의 슬픔에 대해 충분히 공감해주고, 그 결핍은 아이의 잘못이 아니라는 것을 진심으로 말해 주세요. 그리고 그 아이가 듣고 싶은 말을 사랑으로 전해주세요. 그러나 누군가를 원망하거나 비난하는 방식이어서는 안 됩니다. 자신을 사랑하고 치유하기 위한 것이지, 누군가를 탓하기 위함이 아닙니다.

자신을 지켜라!

타인을 존중하지 않는 사람으로부터 자신을 지킬 줄 알아야 합니다. 자신으로서 존재할 수 있도록 서로 존중하는 사람과 함께해야 행복합니다.

만약 상대가 당신을 존중하지 않고 무엇인가를 강요하거나 선을 넘는다면, 당신과 그 사람 간의 경계를 바로 세워야 합니다. 좋은 사람이나 괜찮은 사람이 되기 위해, 자신을 존중하지 않는 사람까지 배려할 필요는 없습니다.

자신에게 올바르지 않은 모임으로부터 스스로 지킬 줄 알아야 합니다. 어떤 모임은 필요한 정보를 나누고 서로 성장을 돕습니다. 서로에게 선한 영향력을 미치며 힘이 되어 줍니다. 서로를 존중하며 좋은 에너지를 전합니다. 그러나 어떤 모임은 사람을 지치게 만들거나 누군가를 힘들게 합니다. 남 탓, 상황 탓을 하며 불평, 불만을 쏟아냅니다. 그런 모임은 그저 시간을 때울 뿐입니다.

당신은 올바른 사람들을 만나고 있나요?

자신에게 올바르지 않은 정보로부터 스스로 지킬 줄 알아야 합니다. 우리는 많은 시간을 각종 미디어와 함께 보냅니다. 시시각각으로 미디어를 통해서 받아들이는 정보는 자신에게 영향을 미치기에, 그것이 올바른 정보인지 선별할 수 있는 분별력을 키워야 합니다.

당신은 어떤 정보를 선택하나요?
올바른 정보를 전하는 미디어와 함께 하나요?

자신에게 올바르지 않은 장소로부터 스스로 지킬 줄 알아야 합니다. 어떤 장소는 자신에게 좋은 에너지를 전해줍니다. 또 어떤 곳은 나쁜 에너지를 전하거나 몸과 마음을 힘들게 만듭니다.

당신에게 좋은 에너지를 주는 장소는 어디인가요?

우리는 자신을 스스로 지킬 줄 알아야 하지만, 그렇다고 해서 세상을 경계의 시선으로 살아가라는 것은 아닙니다. 자신으로 살아가되, 자신에게 건강하지 않거나 올바르지 않은 것을 알아볼 수 있으면 됩니다.

깨어남, 깨달음, 깨어있음과 알아차림

깨어남

에고가 진짜 자신이 아님을 안다.

생각이 진실이 아님을 안다.

자신이 바라보는 세상이 실재가 아님을 안다.

깨달음

에고가 진짜가 아닌 환상임을 안다.

마인드로 분별하지 않고, 그저 존재한다.

우주의 본성 자체가 사랑임을 안다.

모든 것의 본질은 같다는 것을 안다.

자신과 세상의 존재 의미를 안다.

깨어있음

그 무엇도 아닌, 진짜 자신으로 존재한다.

영혼의 목소리에 귀 기울인다.

세상을 '있는 그대로' 바라보고 이를 허용한다.

알아차림

에고가 작동하고 자신을 기만하는 순간을 알아차린다.

자신의 상태를 '있는 그대로' 알아차린다.

세상을 '있는 그대로' 알아차린다.

당신이 깨어났거나 깨달았다고 해서 늘 깨어있을 수는 없습니다. 오히려 그 수준에서의 착각과 망상이 존재합니다.

'난 깨달았으니 늘 옳아.'

'난 깨달았는데, 왜 화나지? 뭐가 문제야? 수행이 덜 되었나?'

'난 깨달았는데, 왜 아직도 에고가 작동하지?'

'난 깨달았으니, 이것은 에고가 아니야.'

'난 깨달았으니, 항상 완벽해야 해.'

또한, 우리는 깨달았다고 하는 존재를 바라보면서 무엇인가를 기대합니다.

'저 사람은 깨달았으니, 이렇게 말할 거야.'

'저 사람은 깨달았으니, 이렇게 행동할 거야.'

'저 사람은 깨달았으니, 이렇게 해줄 거야.'

'저 사람은 깨달았다면서, 왜 이렇게 하지 않지?'

진짜 존재와 에고는 빛과 그림자처럼 존재합니다. 빛이 있으면 그림자가 생기듯, 살아가는 동안 에고가 작동하는 것은 당연합니다. 그저 에고가 작동하는 순간을 알아차리고, 다시 존재로 돌아오면 됩니다. 그런 연습을 해나가면, 자각하는 순간이 늘어나 진정한 자신으로 존재할 수 있습니다.

깨달음은 완벽한 사람이 되는 것이 아닙니다. 존재 자체가 완전함을 아는 것입니다.

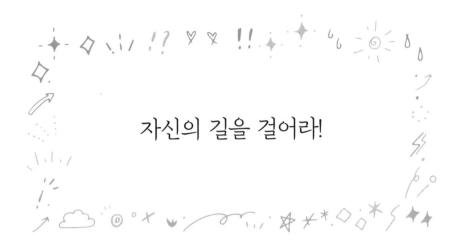

자신의 길을 걸어라!

우리는 각자 고유하고 독특한 존재입니다. 누구나 자신만의 존재 가치가 있고, 저마다 인생의 목적이 있습니다. 그러므로 비교는 필요하지 않습니다. 타인의 정답이 자신의 정답이 될 필요도 없습니다.

진정한 자신으로 존재하고 자기답게 살아가야 합니다. 영혼의 목소리에 귀 기울이며, 담담하게 자신의 길을 걸어가면 됩니다. 그러면 삶이 그 길을 활짝 열어줄 것입니다.

자신의 길을 걸으면 내면으로부터 진정한 기쁨을 느끼게 되고, 존재로서 빛나게 됩니다. 그리고 그 빛이 세상에 전해집니다.

(당신이 진정으로 원하는 자신의 길은 무엇인가요?)

5. 삶을 대하는 올바른
태도로 리셋하기

세상은 거울과 같습니다.
당신이 삶을 대하는 태도에 따라,
세상도 똑같이 되비춰줍니다.

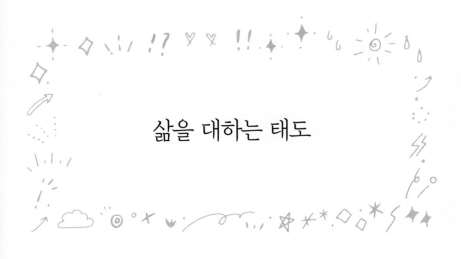

삶을 대하는 태도

우리는 삶을 통해서 자신의 내면세계를 경험합니다. 세상을 지각하고 인지함에 따라 내면에 생각, 감정, 느낌 등이 오고 갑니다.

당신이 세상을 바라보는 대로 세상이 펼쳐집니다.
당신이 세상을 대하는 방식대로 세상이 응답합니다.

당신은 삶을 어떻게 대하나요?
삶을 사랑하나요?
삶에 감사하나요?
삶을 진정성 있게 대하나요?
삶을 신뢰하나요?

삶에 책임을 다하나요?

……

삶을 원망하나요?

삶을 탓하나요?

삶이 불만스러운가요?

삶이 두려운가요?

삶이 걱정되나요?

우리가 삶을 대하는 태도는 자신과 주변 사람들을 대하는 태도와 대개 유사합니다.

자신을 사랑하나요?

자신에게 감사하나요?

자신을 진정성 있게 대하나요?

자신을 신뢰하나요?

자신을 책임지나요?

……

자신을 미워하나요?

자신을 탓하나요?

자신이 불만스러운가요?

자신이 걱정되나요?

당신은 사람들을 어떻게 대하나요?

멘탈을 관리해야 인생이 달라진다

사람들을 사랑하나요?

사람들에게 감사하나요?

사람들을 진정성 있게 대하나요?

사람들을 신뢰하나요?

사람들과의 관계에 책임을 다하나요?

……

사람들을 원망하나요?

사람들을 탓하나요?

사람들이 불만스러운가요?

사람들이 두려운가요?

(당신은 세상을 어떻게 대하나요?)

당신이 세상을 자주 대하는 방식에 대해 숙고해보세요.

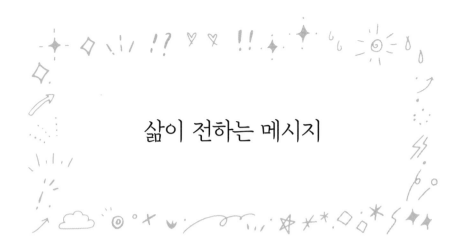

삶이 전하는 메시지

우리는 삶을 통제할 수 없습니다. 삶이 우리를 안내하며 이끌어 줍니다. 삶이 우리를 무엇으로 어떻게 안내할지는 알 수 없습니다.

삶이 이끄는 대로 수용할 때, 우리는 그 안에서 삶의 의미를 배울 수 있습니다. 당신이 삶 속에서 자신을 들여다보고, 놓아줄 것은 놓아줄 때 자유로워질 수 있습니다.

우리는 삶이 이끌어주는 대로 수용하되, 삶을 대하는 방식과 태도를 선택할 수 있습니다.

누구나 살아가면서 자신만의 어려움과 마주하게 됩니다. 누군가는 그것에 걸려 주저앉을 수 있고, 또 누군가는 그것을 딛고 일어설 수도 있습니다.

삶에서 다가오는 어려움을 당신은 어떻게 받아들이나요?

'젠장, 왜 나한테 이런 일이……'

'내가 그렇지, 뭐……'

'내가 그럴 줄 알았어.'

'이 일은 안 될 줄 알았어.'

'나는 되는 일이 없네.'

'난 힘든 일이 싫어. 편하고 싶어.'

……

상황을 비관적으로만 생각하면, 자신은 잘될 수 없다는 것을 세상에 공표하며 강화하는 것과 같습니다. 그러면 삶은 점점 더 비관적으로 물들어갑니다.

삶에서 편함만을 갈망하면, 힘든 일이 생길 때마다 누군가를 탓하고 미워하느라 에너지를 소모하게 됩니다. 사실 누군가를 미워하는 것만큼 힘든 일이 또 어디 있을까요. 어차피 쓸 에너지라면, 미워하는 것보다 책임지는 것이 낫지 않을까요?

힘든 일이 생길까 봐 걱정이 앞서면, 오히려 힘든 일이 더 생기게 됩니다. '힘들면 어떡하지?' 하며 걱정할 때마다 힘들다는 생각에 에너지를 사용하기 때문에, 그것이 현실에 반영되어 힘든 일이 일어날 확률은 더 커지게 됩니다.

삶이 이끌어주는 상황을 겸허하게 받아들여 보세요.

'왜 나한테만 이런 일이……'라는 생각은 삶에 전혀 도움 되지 않습니다. 어차피 일어난 일을 원망한다고 해서 달라지는 것은 없습니다.

 '일어났구나.'

 '힘들겠지만, 묵묵히 할 일을 하겠어. 그러면 내 역량이 돼.'

 '아, 성장의 기회가 왔구나. 책임을 다하겠어.'

 '성장할 때가 되었구나. 감사합니다.'

 어려움 안에서 무엇을 보는가가 삶의 흐름에 영향을 줍니다.

 우리는 어려움을 통해서 무엇인가를 경험하고 배우며 새롭게 나아갈 수 있습니다. 생각, 인식, 행동이 변할 수 있습니다. 자신에게 일어난 일을 직면하여 책임을 다하면, 그것으로부터 자유로워집니다. 어려움을 묵묵히 완결하면 성장하게 됩니다.

 어떠한 상황으로부터 도망치게 되면, 같은 상황을 또 다른 형태로 만나게 됩니다.

 예를 들어 부모님이 싫어 벗어나고자 결혼을 선택했다면, 벗어나려고 했던 그 이유가 배우자를 통해 나타나기도 합니다.

 다니던 직장 일이 힘들어 그만두고자 했던 이유는 이직한 곳에서 또 나타날 수 있습니다. 물론 삶의 태도에 견줘 올바르지 않은 직장이라면, 그만두는 것이 맞습니다. 너무 힘든데, 무조건 참고 이겨내라는 것은 조언이 아닙니다.

 어려움은 시련일 수 있지만, 자신을 한 뼘 더 성장하도록 해주는 삶의 메시지이자 인생의 선물입니다. 삶에 감사하고 현실을 수용하며 묵묵히 자신의 길을 걷다 보면, 문득문득 선물과 같은 순간이 당신에게도 찾아올 것입니다.

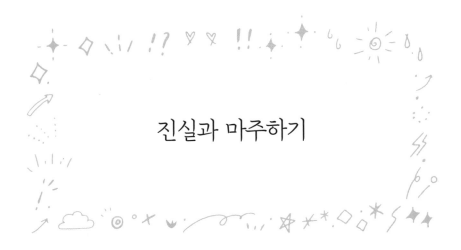

진실과 마주하기

누구나 자신만의 진실이 있습니다. 명료한 내면의 느낌이 있습니다.

'내가 진정으로 원하는 것은 ~이다.'

'내가 이것을 해야 하는구나.'

'그때 그것을 내가 해야 했구나.'

당신은 무언가를 외면하고 있거나 미루고 있나요?

당신이 진정으로 원하는 것이 있다면, 지금 그것을 향해 나아가면 됩니다. 그것을 이루길 의도하고, 성취에 필요한 것들을 준비해보세요.

멘탈을 관리해야 인생이 달라진다

당신에게 무엇인가를 해야 한다는 명료한 느낌이 있다면, 지금 그것을 선택하면 됩니다. 그러면 그것은 저절로 되어갈 것입니다. 당신이 해야 할 것들이 영감으로 주어질 것입니다.

당신이 과거에 무엇인가를 하지 못했다면, 그것에 대해 지금 당신이 할 수 있는 것을 선택하면 됩니다. 자신을 용서하거나, 또는 누군가에게 진심으로 사과해보세요. 그리고 스스로 책임질 수 있는 것을 해보세요.

진실과 마주하면서 마음 안에 남아있는 감정이 꿈틀댄다면, 그것을 수용하고 충분히 느껴 흘려보내 주세요.

> 당신이 직면해야 할 것은 무엇인가요?
> 그것에 대해 무엇을 하면 될까요?

자신이 직면해야 할 것을 직면하여 책임지고 완결하면, 삶은 점점 더 나아집니다.

할 일을 한다!

우리는 같은 상황을 각자 다르게 받아들입니다. 상황을 어떻게 받아들이느냐에 따라 많은 것이 달라집니다.

누군가는 남을 탓하는 것에 초점을 맞춥니다.

'그 사람 때문에 이렇게 됐어.'

'그 사람이 나를 속였어.'

'그 사람이 나쁜 사람이야.'

'그 사람 때문에 기분 나빠.'

'그 사람이 나를 힘들게 했어.'

또 누군가는 자신이 할 수 있는 것에 초점을 맞춥니다.

'지금 상황이 이렇구나.'

'이 상황에서 무엇을 해야 하지?'

'이 상황에서 내가 할 수 있는 것이 무엇이지?'

당신은 상황을 어떻게 받아들이나요?
문제 상황을 어떻게 해결하나요?

예를 들어, 부부가 이혼하게 되었을 때 한 사람의 과실이 100%
일 수 있을까요? 어떤 상황에서도 자신이 해야 할 일이 있고, 상
황의 개선을 위해 할 수 있는 일이 있습니다. 자신이 할 수 있는
일에 최선을 다하면, 완결하면서 성숙하게 됩니다.

매 순간 자신이 책임져야 하는 것들이 있습니다. 그런데 그 순
간 책임질 것을 회피하거나 미루면, 그에 대한 '잉여 에너지'가 생
겨납니다. 책임을 다해서 상황에 따른 에너지를 감당할 것인지,
아니면 책임지지 않아 발생하는 '잉여 에너지'를 감당할 것인지는
전적으로 자신의 선택입니다.

자신의 현실은 자기 책임입니다. 자신의 인생을 책임지는 수준
이 그 사람의 에너지 수준을 결정합니다. 그것이 곧 의식의 수준
이자 풍요의 수준입니다. 자신의 인생을 책임지고 완결해나가면,
의식적으로 성장하게 되고 풍요의 수준도 상승하게 됩니다.

당신이 방치하고 있는 것은 무엇인가요?
책임을 다하기 위해 무엇을 하면 될까요?

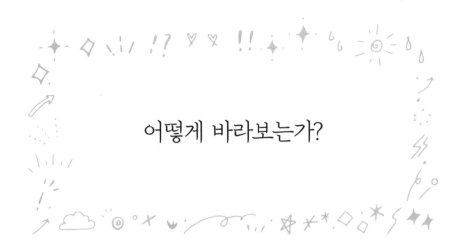

어떻게 바라보는가?

모든 것은 어떻게 바라보느냐의 문제입니다. 같은 상황도 어떻게 바라보고 해석하느냐에 따라 뉘앙스가 달라집니다. 이는 사진에 어떤 필터를 덧입히느냐에 따라 분위기가 달라지는 것과 비슷합니다. 우리가 세상을 어떤 방식, 필터로 바라보느냐에 따라 현실에 대한 느낌이 달라집니다.

세상을 바라보는 방식에는 '긍정적'과 '부정적', '중립적'이 있습니다.

'긍정적'의 사전적 의미는 '그러하거나 옳다고 인정하는 것'입니다. 상황을 '있는 그대로' 인정하는 내면의 힘으로부터 긍정적인 힘이 나올 수 있습니다. 세상을 '긍정적'으로 바라보게 되면, 사랑, 감사, 신뢰 등을 바탕으로 모든 것이 자신에게 이롭다고 받아들이게 됩니다.

반면, 세상을 '부정적'으로 바라보게 되면, 불만, 원망, 두려움, 걱정 등을 바탕으로 모든 것이 궁극적으로 자신에게 이롭지 않다고 받아들이게 됩니다.

예를 들어 사람마다 스트레스를 받아들이는 방식이 다릅니다.

스트레스 상황은 자신을 성장시켜주는 감당 가능한 상황이라고 인식할 수 있습니다. 또는 자신을 힘들게 하는 나쁜 상황이라고 인식할 수도 있습니다. 스트레스를 어떻게 인식하느냐에 따라 몸과 마음에 미치는 영향이 완전히 달라집니다.

(당신은 몸과 마음에서 일어나는 현상을 어떻게 바라보나요?)

자신의 생각을 어떻게 바라보나요?
자신의 감정을 어떻게 바라보나요?
자신의 몸을 어떻게 바라보나요?

하루를 어떻게 바라보나요?
경험을 어떻게 바라보나요?
자신의 인생을 어떻게 바라보나요?

(당신은 세상을 어떻게 바라보나요?)

인간관계를 어떻게 바라보나요?

가족을 어떻게 바라보나요?

친구를 어떻게 바라보나요?

타인을 어떻게 바라보나요?

물질을 어떻게 바라보나요?

돈을 어떻게 바라보나요?

직업을 어떻게 바라보나요?

성공을 어떻게 바라보나요?

만약 세상을 부정적으로 바라보고 있다면 알아차려야 합니다. 현실이 불만족스럽다면, 자신이 결핍과 부정적인 것에 초점을 맞추고 있는 것입니다.

'아, 내가 습관적으로 부정적인 반응을 하는구나.'

이제 긍정적으로 반응하겠다고 다짐해 보세요.

'Yes!'

'That's ok!'

'No problem!'

'그렇구나.'

'인정!' ('일어날 일이 일어나는구나.')

'감사!' ('감사하게 받아들이자!')

'배우자!' ('모든 일은 배울 점이 있지!')

'성장!' ('이 일을 통해 성장하겠구나.')

'Reset!'

……

이렇게 다짐하는 약속의 말 중에서 공명하거나 마음에 드는 것이 있나요? 당신을 긍정적인 사람으로 전환할 수 있는 말은 무엇인가요? 당신이 부정적으로 반응하려는 순간, 스스로 약속한 '전환하는 말'을 외치면서 마인드를 리셋하고 긍정을 선택해 보세요.

깨어있는 의식으로 세상을 바라보세요. 그리고 무엇인가에 반응하기 전에 '긍정'을 선택해 보세요. 그러나 긍정적인 태도를 의무로 여길 필요는 없습니다. 인식되는 만큼, 알아차리는 만큼 편안하게 실천해가면 됩니다.

세상을 부정적으로 바라보는 습관이 강했다면, 이것을 전환하는 데에 큰 의미가 있습니다.

만약 긍정적으로 바라보는 것이 익숙해지면, 그 이후에는 긍정도 부정도 아닌, 중립적으로 바라보는 세상이 있습니다. 이는 사진에 어떤 필터도 덧입히지 않는 것입니다. 그저 '있는 그대로' 바라보는 것입니다.

긍정과 부정은 방향이 서로 반대이지만, 같은 에너지 수준입니다. 긍정도 부정도 아닌, 그저 '있는 그대로' 바라볼 때 도약이 일어납니다.

감정적 반응 습관 알아차리기

인간의 뇌 중에서 전전두엽은 평소 상황에 대한 종합, 판단, 관리 등을 관장하고, 편도체와 유기적으로 작용하며 감정 조절을 담당하기도 합니다. 그러나 우리 몸이 위기 상황이라고 받아들이면, 공포, 분노 등을 느끼는 편도체가 바로 작동합니다.

스트레스를 많이 받거나 장기간 스트레스에 노출되거나, 몸과 마음에 무리가 오면, 감정적으로 과민 반응하는 습관이 생기기 쉽습니다.

예를 들어 직장에서 스트레스가 매우 커진 상태에서는, 늘어난 업무가 자신의 안위를 위협한다고 느껴 과민해질 수 있습니다. 그렇게 되면 매사에 마음의 균형이 쉽게 무너집니다. 그럴수록 긴장, 스트레스는 점점 더 커지고, 감정적으로 더 과민 반응을 하게 됩니다.

평소에 작은 일에도 쉽게 불만을 드러내거나 화를 내거나 신경질적이라면, 감정적으로 과민한 상태입니다.

> 당신은 평소 얼마나 감정적으로 반응하나요?
> 어떤 상황일 때, 특히 감정적으로 반응하나요?

만약 당신이 감정적 과민 상태라면, 몸과 마음을 충분히 쉬도록 해야 합니다. 자연 산책, 명상, 정화, 치유, 휴식, 충분한 수면, 건강한 식생활 등을 통해 몸과 마음을 비우고, 균형을 회복해야 합니다.

우리는 어떤 상황에 바로 감정적으로 대응할 수도 있고, 전전두엽을 통해서 감정을 조절, 관리할 수도 있습니다. 세상을 바라보는 힘을 키우면, 전전두엽을 거치기 때문에 그 공간에서 감정적이지 않게 반응할 수 있습니다. 자신의 반응 습관을 알아차리는 힘을 키우면, 감정이 힘을 잃게 됩니다.

감정적으로 반응하려는 순간을 알아차려 보세요.

'아. 나는 이런 상황일 때, 감정적으로 반응하는구나.'

'아, 나는 누구에게 특히 감정적으로 반응하는구나.'

그리고 자신의 뜻대로 이루거나 도와준다는 명목하에, 지나치게 많은 것에 개입하고 있는 건 아닌지 성찰해 보세요. 누구나 자기 자리에서 자신의 몫을 다하면 됩니다. 혹시 그 누군가의 몫에까지 개입하면서 스트레스받고 있진 않나요? 그 사람의 자기 책임에 대한 선택을 '있는 그대로' 수용해주세요.

"사람의 인생은 스스로 선택하는 거야. 그는 그렇게 선택했구나."

상황을 '있는 그대로' 인정하고, 그 상황에 개입하지 말고 담담하게 지나가세요.

온전한 사랑

우주가 존재하도록 하는 법칙이 있습니다. 그 법칙에 따라 우주, 우리 은하, 태양계, 지구, 생명체가 존재합니다. 모든 것이 존재하도록 하는 조화로운 힘은 바로 사랑입니다. 우주의 본성은 온전한 사랑입니다. 우리는 우주의 일부로서, 사랑으로 존재합니다.

모든 생명은 우주의 법칙에 따라 존재합니다. 우주의 관점에서 보면, 모두 그저 존재할 뿐입니다. 무엇이 더 잘나고 못나지 않습니다.

진정한 사랑은 누구나 자신으로 존재하도록 허용하는 것입니다. 그리고 각자 자신으로 존재하는 것이 진정한 자기 사랑입니다.

5. 삶을 대하는 올바른 태도로 리셋하기

> 당신은 자신으로 존재하나요?
> 사람들이 자신으로 존재하도록 허용하나요?

우리는 내면을 들여다보고 수용하며 용서하는 과정을 통해 자신을 사랑할 수 있습니다.

'아, 내가 이렇구나.' 하고 자기를 알아차리며 이해하고, 자신의 '있는 그대로'의 모습을 인정하고 받아들여 보세요.

무지하고 어리석은 인간을 연민의 시선으로 바라보고, 자기나 타인을 미워하는 자신을 용서해보세요.

자신의 내면에서 사랑을 가로막는 기억, 생각, 믿음, 감정 등을 인정하고 정화하여 흘려보내세요. 자신과 사람들을 허용하지 못하도록 하는 장벽을 허물면 사랑으로 충만해집니다.

> 자신으로 존재하지 못하도록 하는 것은 무엇인가요?

자신으로 존재하지 못하도록 하는 자기를 용서하세요.
자신으로 존재하도록 허용하세요.
자신을 있는 그대로 사랑하세요.

자기 사랑 확언하기
'나는 있는 그대로의 나를 존재로서 사랑합니다.'

'나는 나의 감각, 생각, 느낌, 감정, 경험 등을 존중합니다.'
'나는 나를 속이지 않습니다.'
'나는 내면의 느낌에 따라 나에게 올바른 방향으로 나아가고 있음을 믿습니다.'
'나는 나와 세상을 신뢰합니다.'

(당신은 누구를 있는 그대로 허용하지 못하고 있나요?)

누군가를 허용하지 못하는 자신을 용서해주세요.
그 사람이 그 자신으로 존재하도록 허용해주세요.
자신을 있는 그대로 사랑해주세요.

공헌하기

우리는 함께 살아가는 존재입니다.

어떤 상황에서 누군가를 위해 자신이 뭔가를 해야 한다고 느낀다면, 기만하지 않아야 합니다. 이때 자기 생각대로 누군가를 바꾸려고 하거나, 자신이 나눈 관심과 배려만큼 돌려받을 것을 기대하지 말아야 합니다. 상대를 '있는 그대로' 존중하면서 사랑을 나눌 때, 진정으로 행복할 수 있습니다.

세상을 바라보면서 자신이 뭔가를 해야 한다고 느낀다면, 그것에 대한 책임을 다해야 합니다. 세상에 공헌하는 마음으로 사랑을 전할 때 진정한 만족감을 느낄 수 있습니다.

우리는 자기 사랑으로 시작하여 세상으로 사랑을 확장할 수 있습니다. 이때 자신을 존중하지도 않으면서, 누군가를 위해 뭔가를 하는 것이 아닙니다. 자신을 사랑하고 존중하는 방식으로 공헌함으로써 그 사랑이 확장됩니다.

(당신이 공헌하고 싶은 분야는 무엇인가요?)

동물, 식물, 환경, 사회 안녕, 인권, 문화, 행복, 성장, 풍요, 건강 등, 각자 관심과 책임을 느끼는 분야는 다릅니다.

5. 삶을 대하는 올바른 태도로 리셋하기

삶의 흐름에 내맡기고
받아들이기

우리는 광활한 우주 안에서 살아갑니다. 우주가 창조된 힘으로부터 모든 것이 시작되었습니다. 그리고 그 힘이 모두를 존재하도록 합니다.

우주 창조의 힘에 자신을 내맡겨보세요. 그러면 자신으로 존재하게 되고, 일어날 일은 일어나게 됩니다. 경험할 것을 경험하게 되고, 배울 것을 배우게 됩니다.

모든 일이 올바르고 완전하게 일어나도록 삶의 흐름에 자신을 내맡겨 보세요. 일어나는 그대로 겸허하게 받아들여 보세요.

자신을 내려놓으면, 모든 것이 자연스럽게 펼쳐집니다.

이 세상이 어떻게 펼쳐지는지 바라보세요.

멘탈을 관리해야 인생이 달라진다

태아에게 엄마는 우주와 같습니다. 태아는 엄마로부터 영양분을 공급받고 보호받으며 서로 교류합니다. 우리는 세상과 그러한 관계에 있습니다. 세상과 삶을 신뢰하면, 세상이 우리를 돌봐주고 필요한 것들을 공급해줍니다.

감사하기

긍정의 상태와 부정의 상태가 동시에 존재할 수는 없습니다.

감사하는 동시에 원망할 수 없습니다. 감사와 원망을 왔다 갔다 할 수는 있어도, 감사와 원망은 동시에 존재하지 않습니다.

우리는 감사한 마음을 통해서 긍정의 주파수를 맞출 수 있습니다. 감사함을 선택함으로써 삶이 점점 더 풍요로워집니다. 감사함을 통해서 '의도대로 실현되는 인생의 흐름'으로 나아갈 수 있습니다.

우리는 일상에서 감사함을 발견할 때 진정으로 기쁘고 행복할 수 있습니다. 감사함은 거창하지 않아도 괜찮습니다.

우리가 음식을 먹기까지, 충분한 햇빛, 바람, 물, 흙, 농부의 정성, 유통 등 자연과 사람의 정성이 있었음에 감사하면 됩니다. 음식을 먹기 전, 기도가 아니어도 '감사합니다'라는 진심의 한마디면 충분합니다.

별일 없는 하루를 보냈다면, 평안한 하루에 감사할 수 있습니다.

자녀가 활짝 웃어서 감사하고, 출근길 신호를 잘 받아서 감사합니다.

날이 좋아서 감사하고, 비 오는 날 차 한잔할 수 있는 풍요로움에 감사합니다.

새벽, 저녁, 밤에 나를 위한 시간을 낼 수 있어서 감사합니다.

잠시 자연을 산책하며 힐링할 수 있어 감사합니다.

마음을 위로하는 음악이 있어 감사합니다.

오늘 하루 고생한 몸을 스트레칭하며 긴장을 풀 수 있어 감사합니다.

감사함의 시각으로 하루를 다시 보면 감사할 일이 참 많습니다. 일상에서 감사한 것들을 인식하게 되면, 점점 더 감사할 일이 많아집니다. 일과를 마치기 전, 혼자만의 시간에 감사일지를 작성하면 좋습니다. 감사일지를 통해서 하루를 돌아보고 감사함을 충전할 수 있습니다. 하루에 3가지 이상 감사한 일을 적어보세요.

가족이나 친구, 지인과 감사함을 함께 나누어도 좋습니다.

"난 오늘 ~에 감사해. 넌 오늘 하루 어땠어? 감사함을 함께 해서 고마워. 사랑해."

감사일지를 작성하거나 감사함을 함께 나누면, 행복이 오래 지속되고 감사함은 더 커지게 됩니다.

몸의 영양제만 챙기지 말고, 마음의 영양제인 '감사함'도 매일 챙겨보세요. 삶을 감사하게 맞이해 보세요.

{
지금 이 순간, 당신은 무엇에 감사한가요?
오늘 하루 무엇에 감사한가요?
}

멘탈을 관리해야 인생이 달라진다

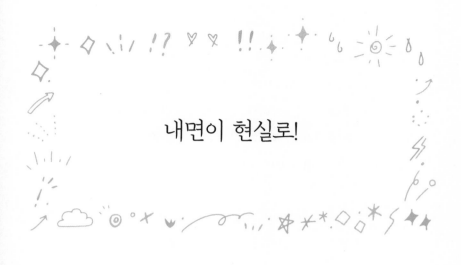

내면이 현실로!

이중슬릿 실험에 따르면, 관찰자의 관찰 행위가 물질에 영향을 줍니다. 우리의 인식이 물질로 이루어진 현실 세계에 영향을 주는 것입니다. 세상을 바라보는 '생각과 태도, 정서 등의 주된 경향성'에 따라 그것이 현실로 드러납니다.

우리는 대개 어떤 것이 이루어지길 소망하는 동시에 의심도 합니다.

'설마 이게 되겠어?'

'이거 되는 것 맞아?'

'왜 안 되는 거야?'

'언제 되는 거야?'

그러면 실현의 에너지보다 의심의 에너지가 더 강하기 때문에,

이루어지지 않습니다.

물은 100도가 될 때까지 계속 가열해야 끓기 시작하면서 수증기 상태로 변화가 시작됩니다. 가열하다 말다 하면 물이 끓기 어려운 것과 마찬가지로, 원하는 것이 이루어질 거라고 믿다가 의심하는 일이 반복되면 이루어지기 어렵습니다.

당신이 세상을 바라보는
'생각과 태도, 정서의 주된 경향성'은 어떠한가요?

우리가 원하는 것을 이루려면, 물질세계에 영향을 미치는 자신의 인식을 새롭게 전환해야 합니다. 당신이 원하는 바를 가로막는 내면의 생각, 감정, 태도, 정서 등을 점검해야 합니다.

만약 당신이 원하는 바를 방해하는 생각이나 믿음이 남아있다면, 성찰 과정을 통해 그것을 내려놓을 수 있습니다. 만약 부정적인 감정이 남아있다면, 그 감정을 인정하고 수용하며 흘려보낼 수 있습니다. 당신이 원하는 대로 이루어지는 세상을 가로막는 생각, 믿음, 감정, 기억 등을 놓아주며 정화해 보세요.

어떤 것을 실현하겠다고 순수하게 의도할 때, 그것은 현실로 이루어지게 됩니다. 원하는 것이 이루어질 것이라는 태연한 확신이 들 때, 그것은 실제로 이루어집니다.

멘탈을 관리해야 인생이 달라진다

원하는 대로 이루려면~

진정으로 원하는 것을 초연하게 의도하고,
세상이 그것을 이루도록 허용하라!

마음의 균형을 유지하면서 초연하게 의도할 때 원하는 것을 이룰 수 있습니다. 운동 경기를 할 때 너무 잘하고 싶거나 꼭 이겨야 한다고 부담을 느끼면 오히려 잘되지 않듯, 힘을 빼고 즐기면서 최선을 다할 때 결과는 따라옵니다.

자신에게 중요한 일일수록 마음의 여유를 갖고 웃으며 이렇게 말하면 좋습니다.

"되도 좋고, 안 되어도 오히려 좋아!! ^^"

누구나 의도하지 않았는데도 행운의 순간을 맞이할 때가 있습니다. 최악이라고 생각했는데 또 다른 기회의 문이 열릴 때가 있습니다. 소망한 것이 이루어지지 않았다고 영원히 실패하는 것도 아닙니다. 그것이 자양분이 되어 어떤 열매를 맺게 될지는 아무도 모릅니다. 실패나 어려움을 발판 삼아 또 다른 길로 나아갈 수 있습니다.

원하는 것을 의도하되, 어떻게 이루어지는가는 세상에 내맡기는 것입니다. 우리가 생각해내는 방법에는 한계가 있습니다. 무한한 가능성을 지닌 세상이 당신이 원하는 것을 이끌 수 있도록 허용해주세요.

그리고 결과에 집착하지 말고, '있는 그대로'를 받아들여 보세요. 주어진 결과가 무엇이 되어갈지 섣불리 판단하지 마세요.

영혼이 원하는 것을 순수하게 의도하면, 세상은 그것이 이루어지도록 연결해줍니다. 이때 영감을 통해서 아이디어나 문제해결의 실마리를 얻을 수도 있습니다. 도움을 주는 환경이나 사람과 연결될 수도 있습니다. 기회가 주어지거나 새로운 가능성을 알아볼 수도 있습니다. 그러면 원하는 것이 현실로 다가오게 됩니다.

영혼이 원하는 바를 선언하고, 그것이 저절로 실현되는 것을 지켜보세요.

살면서 누구나 한 번쯤은 일이 저절로 되어가는 경험을 합니다. 원하는 바를 얻거나, 좋은 사람을 만나거나, 시험에 합격하기도 합니다. 당신이 힘들이지 않고 자연스럽게 이루었던 경험을 떠올려보세요.

'영혼이 진정으로 원하는 것은 당연하게 이루어진다'는 것을 초연하게 믿으면, 그것은 절로 이루어집니다.

"숨겨진 동기 없이 구하고,

너의 답으로 에워싸여 흠뻑 취하라."

_《힐링 라이프》

우리의 뇌는 실제와 상상을 구분하지 못합니다.

예를 들어, 눈을 감고 레몬을 한 입 베어 무는 상상을 하면 실제로 침이 나옵니다. VR로 놀이기구 체험을 하면 실제처럼 느낍니다.

당신이 원하는 바가 이루어진 상태를 실재처럼 느끼고 환호하면, 뇌는 그렇게 믿게 됩니다. 그러면 그것이 실현되는 현실을 끌어당기게 됩니다.

(당신이 진정으로 원하는 것은 무엇인가요?)

진정으로 원하는 것을 통해서 어떠한 상태를 느끼고 싶나요?

그 상태를 실재처럼 느끼고 기뻐하며 만끽하면, 실제로 원하는 바가 이루어지게 됩니다.

당신이 무엇에 초점을 맞추고 있느냐에 따라, 그와 연관된 것들이 현실로 이어집니다.

한동안 저는 '진정으로 정화하고 치유하는 방법은 무엇인가'라는 물음을 줄기차게 던지며 살았습니다. 그때부터 수많은 방법과 연결되었습니다. 책, 블로그, 유튜브, 지인 등을 통해서 그것들이 제 앞에 펼쳐졌습니다. 저에게 맞는, 의미 있고 가치 있는 방법들과 연결되었으며 지금도 연결되고 있습니다.

저는 저만의 소중한 시간과 공간을 원했습니다. 그래서 개인 공간을 의도하였습니다.

'난 내 공간을 원해. 나로 존재할 수 있는 공간을 원해.'

제가 진정으로 원하는 것에 초점을 맞춰 생활해오자, 제 방이 생기고 작업실이 생겼습니다. 1년 안에 방이 생겼고, 몇 년 지나자 작업실도 생겼습니다. 그래서 저는 제 공간에서 저만을 위한 시간을 잘 보내고 있습니다.

(당신은 진정으로 원하는 것에 초점을 맞추고 있나요?)

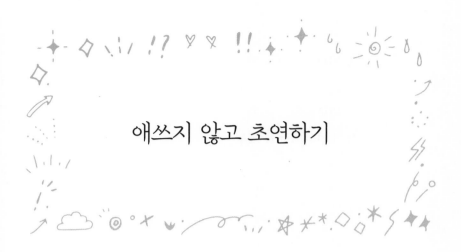

애쓰지 않고 초연하기

우리는 애쓰며 살아가도록 부추기는 사회에서 살고 있습니다. 무엇인가 열심히 하지 않으면 남에게 뒤처질까 봐 불안하고 초조하여 마음 편히 쉬기도 어렵습니다.

왜 마음이 힘들 만큼 애쓰며 살아야 할까요? 당신이 무엇인가에 애쓰고 있다면, 그것이 이루어질 수 없거나 힘들게 이루어질 수밖에 없다고 스스로 인정하는 것입니다. 그러면 이루어지지 않거나 정말 많은 애를 써서 가까스로 이루게 됩니다. 애쓸수록 에너지를 많이 쓰기 때문에 지치게 되고, 심하면 번아웃이 오기도 합니다. 인생은 마라톤과 같기에, 에너지 사용이 적절해야 합니다.

당신이 지금 애쓰는 상황이라면, 인식의 전환이 필요합니다.

'원하는 것을 세상이 이끌도록 허용할 것인가?'

211

'어떻게든 내가 이루고자 애쓸 것인가?'

'초연하게 의도하여 이룰 것인가?'
'아등바등 소진하며 이룰 것인가?'

당신은 무엇에 애쓰고 있나요?
어떤 인식의 전환이 필요한가요?

누군가는 상황을 통제하거나 자신의 계획대로 되게 하려고 많은 에너지를 씁니다.

당신이 자신의 생각대로 하고자 애쓰고 있다면, 세상은 불확실하고 끊임없이 변한다는 사실을 상기해야 합니다. 상황은 언제라도 변할 수 있음을 받아들이고 유연하게 대응해야 합니다.

일이 너무 풀리지 않을 땐, 일에서 잠시 벗어나 산책하거나 여행하면서 환기하면 좋습니다. 상황에 빠져있지 말고 상황을 벗어나면, 좀 더 객관적으로 상황을 볼 수 있어 돌파구가 떠오를 수 있습니다.

누군가는 자신의 안전을 지키는 데에 지나치게 많은 에너지를 씁니다. 당신이 자신의 것을 지키느라 애쓰고 있다면, 인색함의 감옥에 자신을 가두고 풍요의 흐름을 막는 것입니다. 마음에 여유를 가지고 부와 풍요의 흐름에 자신을 내맡길 때, 더 많은 부와 풍요가 순환할 수 있습니다.

한편, 결핍을 채우고자 애쓰게 되면 정작 해야 할 일에 쓸 에너지는 부족하게 됩니다. 애쓰는 것이 삶에 주된 색채가 되면, 극심한 피로감이 생기고 삶에 찌들게 됩니다.

누군가는 좋은 사람이 되거나, 더 나은 사람이 되거나, 중요한 사람임을 유지하려고 많은 에너지를 씁니다.

당신이 더 나은 사람이 되고자 애쓰고 있다면, 자신을 '있는 그대로' 수용하고 사랑하는 시간이 필요합니다. 우리는 더 나은 존재가 되기 위해 사는 것이 아니라, 그저 귀한 존재로 살아가는 것입니다. 자신에게 지금보다 무엇인가를 더 추가해야만 가치 있는 존재가 되는 것일까요? 당신은 자신으로 온전히 살아가는 것으로도 충분히 가치 있는 존재입니다.

또 누군가는 인정을 추구하거나 사랑을 갈구하거나, 사람이나 사물에 집착하는 것에 많은 에너지를 씁니다.

당신이 누군가에게 인정받고자 애쓰고 있다면, 자신이 부족하다고 스스로 인정하는 것입니다. 자신이 부족하다는 것에 초점을 맞출 것이 아니라, 성장을 위해 필요한 것에 투자한다고 초점을 전환해 보세요.

당신이 누군가에게 사랑받고자 애쓰고 있다면, 자기 사랑이 먼저입니다. 자신을 사랑하지 않으면서 타인으로부터 사랑을 채우고자 하면 채워지지 않습니다.

　당신이 갖지 못한 것을 갖고자 애쓰고 있다면, 자신의 현실을 인정하고 감사해 보세요.

(당신은 일상생활에서 무엇에 가장 많은 에너지를 쓰나요?)

멘탈을 관리해야 인생이 달라진다

될 때가 되면 된다!

우리 사회는 조급함에 병들어 있습니다. 단기간 내에 비약적인 경제 성장을 이루면서 뭐든 빨리 될 수 있다는 사회통념이 생겼습니다. 그래서 빨리 이루지 못하면 뒤처진다는 잘못된 생각에 빠지기도 합니다.

우리는 무언가를 할 때, 각자 자신의 속도에 따라 필요한 시간이 다 다릅니다.

누가 언제, 어떠한 결실을 맺게 될지는 아무도 모릅니다. 결실이 있기까지 그저 묵묵히 해나가야 합니다.

한 분야에서 전문가가 되려면, 원리를 공부하는 시간, 그것을 삶에 적용하는 시간이 충분하게 필요합니다. 축적의 시간 없이 전문가가 되기는 어렵습니다. 마찬가지로, 부나 성공을 이루기 위해서는 인내하며 축적하는 시간이 필요합니다.

식물이 화분에서 넘치도록 성장하면, 더 큰 화분으로 옮겨 심습니다. 마찬가지로 당신도 충분하게 준비하여 성장한 후, 다음 단계로 도약할 수 있습니다. 그러나 화분 갈이의 시점이 언제가 될지는 적절한 때가 되기 전에는 알 수 없듯이, 당신이 다음 단계로 도약하게 될 시점이 언제인지는 미리 알 수 없습니다.

누구나 살아가면서 풍요로운 관계, 물질, 성공, 건강 등을 원합니다. 하지만 성급하게 굴면 될 일도 되지 않습니다.

'언제쯤 좋은 사람을 만날 수 있을까?'

'언제쯤 부자가 될 수 있을까?'

'언제쯤 성공할 수 있을까?'

'언제쯤 건강을 회복할 수 있을까?'

원하는 것이 있다면, 그저 초연하게 의도하고 이루어질 것에 대해 태연하게 확신해보세요. 그리고 묵묵히 준비해보세요. 될 일은 될 때가 되면 됩니다.

(당신은 무엇에 시간과 돈, 에너지를 투자하고 있나요?)

당신이 지금 투자하고 있는 그것이 당신의 현실이 됩니다.

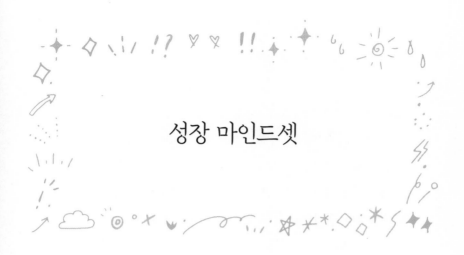

성장 마인드셋

　만물은 모두 성장과 진화의 궤적으로 나아갑니다. 우리의 인생 방향 역시 성장을 향합니다. 그리고 그 성장은 내면으로부터 시작됩니다.

　안목을 넓히면 인식의 틀이 확장되고 통찰력이 커져, 더 큰 맥락으로 세상을 바라볼 수 있습니다.

　유연하게 인식을 전환하면, 실패를 실패로 단정 짓는 것이 아니라, 성공을 향해 나아가는 과정으로 새롭게 바라볼 수 있습니다.

　'이 과정에서 무엇을 배워야 하는가?'

　'이 실패로부터 성공으로 나아가려면, 무엇을 해야 하는가?'

　이때 떠오르는 것들을 보완해 나가면 됩니다.

　그리고 진정성 있는 태도로 온전하게 책임을 다할 때 내면이 성장하고, 그것이 현실에 반영됩니다.

경험은 삶의 자산이 되고, 삶을 풍요롭게 만들어줍니다. 무엇인가를 경험하고 나면, 그 경험이 의미하는 바를 음미함으로써 성숙하게 됩니다. 그리고 그 경험으로부터 무엇을 배울 수 있는지 숙고해봄으로써 성장하게 됩니다. 심리적 고통이나 위기를 통해 한층 더 마음은 단단해지고 그것이 내적 자원이 됩니다.

인생도 게임처럼 현재를 완결하면, 다음 레벨로 올라갑니다.

배울 것을 배우고, 비울 것을 비우면 성장하며 앞으로 나아갈 수 있습니다.

대학만 가면, 취업만 하면, 결혼만 하면, 출산만 하면, 퇴직만 하면 끝나는 것이 아닙니다. 그것은 새로운 단계의 새로운 시작입니다.

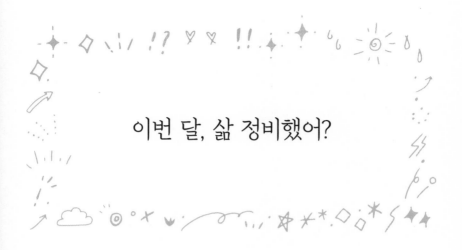

이번 달, 삶 정비했어?

　자동차는 안전을 위해 엔진 오일 교환, 타이어 공기압 체크 등 주기적인 정비가 필요합니다. 자동차를 정비하지 않으면 안전에 위험성이 생기듯, 삶을 주기적으로 관리하지 않으면 문제가 생길 수 있습니다.

　삶을 정비한다는 것은 자신의 몸과 마음, 태도를 돌아보는 것과 같습니다.

　일상에서 사소한 것은 말 그대로 사소한 일일까요? 그것은 결코 사소한 것이 아닙니다. 댐에 생긴 작은 구멍을 내버려 두거나 무시하면 댐 전체가 무너질 수 있듯이 말입니다.

　작은 일상들이 모여 삶을 이룹니다. 일상을 올바른 태도로 살아가는 삶이 축적될 때, 삶 전체가 풍요로워집니다.

그리고 하루, 한 주, 한 달, 한 분기, 한 해마다 삶을 정비해나갈 때, 점점 더 성장하고 성숙하게 됩니다.

한 달 돌아보기

자신을 존중하나요?

진정성 있게 살아가나요?

올바른 태도로 살아가나요?

삶을 신뢰하나요?

몸과 마음을 관리하나요?

생각, 감정, 에너지 등을 정화하나요?

발생하는 이슈를 성찰하나요?

책임을 다하나요?

진실을 볼 수 있는 안목을 키우고 있나요?

……

이 질문(1~10점)에 당신은 몇 점을 줄 수 있나요?

개인 차이는 있겠지만, 평균 6~7점 정도면 그래도 살 만하다고 느낄 수 있고, 평균 7점 이상은 되어야 삶이 풍요롭다고 느낄 수 있습니다. 평균 6~7점 이상이더라도, 특정 항목의 점수가 너무 낮으면 그것으로 인해 삶이 휘청거릴 수 있습니다.

멘탈을 관리해야 인생이 달라진다

위의 질문들에 대해 올바른 방향으로 나아가려면,
당신이 해야 할 일은 무엇인가요?

그리고 다음과 같은 질문에 대해 숙고해보세요.

당신을 사랑하며 자신의 본성대로 살고자 할 때,
필요한 삶의 태도는 무엇인가요?

당신의 삶을 책임지기 위해, 해야 할 일은 무엇인가요?

삶이 점점 더 풍요로워지려면,
당신이 해야 할 일은 무엇인가요?

한 달에 적어도 하루는 자신을 돌아보고 점검하는 혼자만의 시간이 필요합니다.

그것이 어렵다면, 2~3개월에 한 번씩이라도 혼자만의 시간을 통해 삶을 돌아보고 점검하면 좋습니다.

인생은 자신으로 돌아가는 여정이며 수행의 과정입니다.

삶을 대하는 태도는 자신과 타인, 세상을 바라보고 대하며 반응하는 방식과 같습니다.

우리는 평생 올바른 태도로 살아가는 훈련이 필요합니다. 올바른 태도에는 진정성, 신뢰, 직면, 책임, 초연함, 내맡김, 받아들임, 내려놓음, 사랑, 감사, 공헌 등이 있습니다.

(당신의 삶의 원칙은 무엇인가요?)

6. 다차원 풍요를 누려봐!

우주는 늘 풍요롭습니다.
당신이 깨어있는 만큼, 열려 있는 만큼
풍요에 공명합니다.

당신은 풍요와 결핍, 무엇에 초점을 맞추고 있나요?

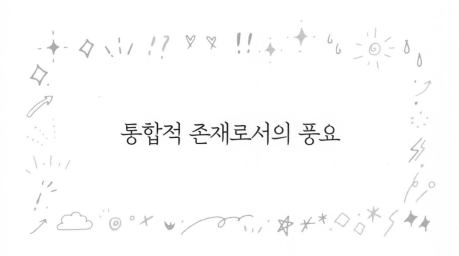

통합적 존재로서의 풍요

삶을 지탱하는 요소는 다양합니다. 각각의 요소들이 건강하고 풍성할 때 삶 전체가 진정으로 풍요롭습니다. 가령 건물을 지탱하는 여러 기둥 중 어느 하나에 균열이 생기기 시작하면, 집 전체가 위험해질 수 있습니다. 모든 기둥이 견고하고 안전할 때, 건물 전체를 신뢰할 수 있고 우리는 그 안에서 행복할 수 있습니다.

우리는 삶을 다차원적으로 균형 있게 관리해야 합니다. 영적, 정신적, 신체적, 감정적, 정서적, 물질적, 관계적, 직업적, 환경적 풍요의 영역들을 종합적으로 성장시켜야 합니다.

예를 들어 물질적으로는 풍요롭지만, 정신적으로나 신체적으로 건강하지 못하다면 풍요의 질이 떨어집니다. 물질적인 풍요에 너무 치중하면 정작 삶에서 가치 있는 것들은 놓치기 쉽습니다.

물질적으로 너무 빈곤하거나 관계적으로 고립돼 있거나 직업적으로 자신에게 맞지 않다고 느낀다면, 삶 전체가 풍요롭다고 말하기 어렵습니다.

우리는 영적, 정신적, 감정적, 정서적, 신체적으로 건강하고 풍요롭도록 내면을 관리해야 합니다. 또한, 세상으로 나아가 물질적, 관계적, 직업적, 환경적으로 건강하고 풍요로울 수 있도록 인생을 변화시켜야 합니다.

여러 영역 중 특정 영역에 대해서 부정적인 생각이나 느낌이 강하다면 정화하고 비워내야 합니다. 특정 영역에 대해서 잘 모른다면 새롭게 배워나가면 됩니다.

> 당신은 영적, 정신적, 신체적, 감정적, 정서적, 물질적,
> 관계적, 직업적, 환경적으로 어느 정도 풍요로운가요?

각각의 영역들(1~10점)에 대해 몇 점을 줄 수 있나요?
점수가 낮은 영역에 대해 당신이 해야 할 일은 무엇인가요?

하루의 시작과 끝이
풍요를 결정한다

'미라클 모닝'의 열풍으로 대한민국의 새벽이 뜨거웠습니다. 코로나 사태 장기화로 변화된 일상 속에서 자신을 돌보고 자신만의 의미 있는 시간을 보내는 것으로 하루를 시작한다는 것에 많은 사람이 동참하였습니다.

하루의 시작과 끝을 어떻게 보내느냐가 풍요의 수준을 결정합니다. 우리는 자는 동안에는 뇌파가 내려가는데, 일어난 직후와 잠들기 직전도 대체로 그러합니다. 그때 하는 생각, 느낌, 행동 등은 영향이 더 큽니다.

'하루 열기'와 '하루 돌아보기'는 당신의 삶이 선순환하도록 돕습니다. 의식을 고양하거나 몸의 순환을 돕거나 좋아하는 활동 등으로 자신만의 시간과 공간을 만들어 보세요. 그러면 자신이 원하는 대로 삶을 꾸려간다는 느낌에 행복감이 찾아올 것입니다. 삶에 대해 만족스럽기에, 감사하는 마음과 풍요로운 정서가 형성됩니다. 자족감과 평온함, 건강함을 더불어 느낄 수 있습니다.

자신만의 안락하고 아늑한 공간을 좋아하는 것들로 풍요롭게 가꿔보세요. 탁자, 조명, 램프, 향초, 인센스 스틱, 디퓨저, 그림, 꽃, 화분, 차 등으로 디자인한 따스한 공간에서 자신만을 위한 시간을 맞이해 보세요.

하루 열기: 미라클 모닝
아침에 일어나 어떤 상태로 어떤 하루를 시작하는가가 그날에 영향을 미칩니다. 스트레칭, 운동, 명상, 정화, 독서, 필사, 공부, 긍정 확언, 심상화, 차 마시기 등을 하며 몸과 마음을 풍요롭게 깨워 보세요.

당신은 아침에 일어나서 어떤 하루를 의도하나요?
자신에게 어떤 하루를 선물하나요?

평소 기상 시간보다 30분~1시간 정도 일찍 일어나 실천해 보세요. 처음 시작한다면, 스트레칭과 명상에 20~30분, 원하는 하루 심상화하기 5분, 독서 30분 이내를 추천합니다. 처음부터 너무

무리하지 말고, 실천할 수 있는 루틴으로 오래 유지하길 권합니다. 너무 힘든 날에는 좋아하는 힐링 음악을 듣거나 호오포노포노 정화 등으로 충전해 보세요. 실천해 보고 만족스럽다면 아침 기상을 좀 더 일찍 하면 좋습니다.

(당신의 풍요로운 아침 루틴은 무엇인가요?)

제가 교사 시절에 질풍노도의 중학생들과 함께 다이내믹한 나날을 보낼 때, 명상과 심상화, 호오포노포노 정화를 한동안 아침 루틴으로 해보았습니다. 지금 와서 생각하니, '미라클 모닝'이었습니다.

평화로운 학급과 학교의 모습을 아침마다 심상화하였습니다. 그리고 평화에 초점을 맞추어 학급 운영을 실현해나갔습니다. 학급에 자잘한 갈등이나 문제가 있긴 했지만, 그것들은 평화롭게 해소되었습니다. 그리고 그때마다 갈등이나 문제에 대한 호오포노포노 정화도 잊지 않았습니다. 진정한 존재들을 가로막는 모든 것을 정화하였습니다. 큰 틀에서 보면, 상상했던 평화로운 학급이 실제로 이루어졌습니다. 그리고 평화로운 학급을 만들어 가는 과정을 통해 저도 아이들도 성장했습니다. 덕분에 참 감사하고 행복한 나날을 보냈습니다.

하루 돌아보기: 미라클 나잇

하루를 마무리하면서 '내면 비우기'를 하면, 자는 동안 에너지가 회복되어 건강하고 상쾌한 아침을 맞이할 수 있습니다. 운동, 스트레칭, 명상, 아로마 반신욕, 독서, 긍정 확언, 성찰, 정화 등을 하며 몸과 마음을 비우고 이완해보세요. 자기 전 1~2시간 정도 실천해 보세요.

당신은 오늘 어떤 하루를 보냈나요?
오늘 당신은 무엇에 감사한가요?
오늘 당신은 어떤 풍요로움을 느끼나요?
오늘 당신은 무엇을 배우나요?
오늘 당신의 태도는 어떠한가요?
오늘 당신의 감정은 어떠한가요?
오늘 행복, 감동, 힘듦 등의 순간이 언제였나요?
오늘 당신의 몸은 어떠한가요?

만약 힘든 하루였다면 지친 자신을 위로해 주세요.

몸과 마음을 샤워하듯, 남아있는 생각과 감정을 정화하고, 정체된 에너지는 비워냅니다. 감사와 풍요, 사랑을 충전합니다. 하루를 마무리하며 자신의 태도를 돌아봅니다. 하루를 성찰하면서 삶의 의미를 배우고 책임을 다합니다. 비워내고 이완하여 편안하게 잠자리에 듭니다.

감사, 풍요, 감정, 태도, 성찰, 배움 등을 일지 형태로 기록하면
더욱 좋습니다.

(당신의 풍요로운 밤 루틴은 무엇인가요?)

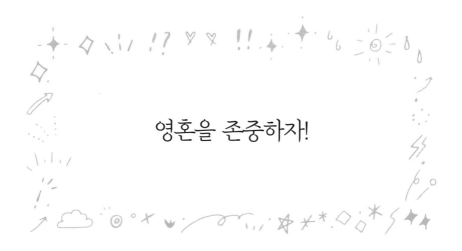

영혼을 존중하자!

자신의 영혼을 존중하고, 내면의 느낌을 따르며 삶을 책임지는 정도가 내적 풍요의 수준을 결정합니다. 영혼의 느낌을 따르면, 깊은 만족감과 기쁨이 있습니다. 내적 풍요가 외적인 풍요와도 연결됩니다.

올바른 태도가 삶을 풍요롭게 합니다. 가장 핵심은 자신을 기만하지 않는 것입니다. 무언가를 해야 한다는 느낌이 들 때, 타협하거나 합리화하지 않는 것입니다.

(당신은 자신에게 진실한가요?)

영혼의 신호를 감지할 때, 그것에 진실한가요? 아니면 그것을 무시하나요?

진정성 있게 살아갈 때 사랑, 감사, 존중, 신뢰, 책임, 공헌 등이 저절로 따라오고, 내적으로 풍성해집니다.

자신을 존중하고 자기답게 살아갈 때 풍요의 길이 열립니다.

혼자 있을 때 자신의 존재에 만족감을 느낀다면, 당신은 내적으로 풍요로운 상태입니다. 사람들과 잘 지내더라도, 혼자 있을 때 자신이 밉거나 싫다면 영혼은 풍요롭지 못한 것입니다.

당신은 혼자 있을 때 자족감을 느끼나요?
혼자 있을 때 자족감을 더 풍성하게 느끼려면,
당신이 무엇을 하면 좋을까요?

정신줄 지켜!

매 순간 자신의 내면에서 어떤 일이 일어나는지 지켜보세요.

어떤 생각이 떠오르는지, 어떤 에고가 작동하는지, 어떤 감정이 일어나는지, 어떻게 상황을 바라보는지, 어떻게 상황을 받아들이고 해석하는지, 어떻게 반응하는지, ……

관찰자의 눈으로 내면에 집중하는 연습이 쌓이게 되면, 자신에게 도움이 되지 않는 반응 패턴을 알아차리게 됩니다.

'아, 내가 습관적으로 그렇게 반응하는구나.'

알아차림이 누적되면서 자각은 더 쉬워집니다. 자신의 내면을 자각할수록 부정적 반응 습관은 점점 힘을 잃게 됩니다.

살다 보면 에고가 발동하고 부정적인 생각과 감정에 휘말리게 되는 순간이 있습니다. 그때가 바로 정신을 차릴 타이밍입니다.

'아, 내가 지금 에고에 걸려들었구나. 정신 차리자!'

정신을 차릴 수 있는 자신만의 구호를 만들어도 좋습니다.

저는 'OK! RESET!'을 속으로 외칩니다.

에고가 발동하는 순간, 감정적으로 반응하려는 순간, 불만이 생기려는 순간, 마음의 균형을 잃는 순간이 될 때, 'OK! RESET!'을 외치면서 정신을 차립니다.

그리고 부정적인 생각이나 감정을 정화하면 더 좋습니다. 간단하게 '사랑합니다'를 3번 선언해도 됩니다.

저는 교사 생활을 할 때, 수업하랴 아이들 지도하랴, 공문 처리하랴 정신없이 하루를 보냈습니다. 특히 쉬는 시간에 학생을 지도할 일이 생겨 지도하다 보면, 저도 사람인지라 감정이 차오르기도 했습니다. 그런데 바로 다음 수업을 들어가야 할 때 'OK! RESET!'을 외치고 '사랑합니다'를 3번 정도 선언하여, 부정적인 상태를 긍정적인 상태로 전환한 것이 많은 도움이 됐습니다.

직장이나 가정에서 감정이 부정적인 상태인데, 바로 프로젝트 발표를 해야 하거나 고객을 만나야 하거나 아이를 돌봐야 할 때가 있습니다. 그러할 때 호오포노포노 정화나 인정하고 정화하기 등을 하여 자신의 마음 상태를 전환해 보세요.

일상에서 감정의 상태를 알아차리는 연습을 통해 자신과 세상을 지켜보는 힘을 키워 보세요. 그러면 에고가 아닌 진정한 자신으로 존재하게 됩니다. 설령 에고가 작동하더라도, 좀 더 빨리 정신을 차릴 수 있습니다.

당신의 부정적 반응 습관은 무엇인가요?
어떤 상황에서 그렇게 반응하나요?

멘탈을 관리해야 인생이 달라진다

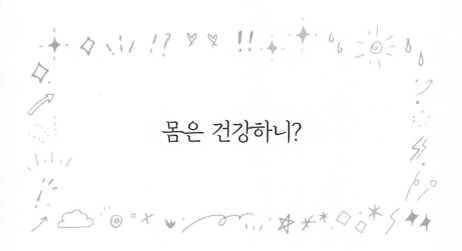

몸은 건강하니?

우리의 몸과 마음은 연결되어 있어 서로 반영합니다. 건강한 마음이 몸에 깃들고, 건강한 몸 또한 마음에 깃듭니다.

몸이 너무 피곤하고 정체되어 있으면 부정적으로 반응하기 쉽습니다. 몸이 알려주는 진실의 신호를 알아차리기 어렵습니다. 그래서 자신의 몸을 잘 돌보고 회복시켜야 합니다. 균형 잡힌 식사, 질 높은 수면, 적절한 운동, 휴식 등 자신의 몸을 건강하고 풍요롭게 해주는 것들을 실천해 보세요.

> 당신의 몸을 돌보거나 회복시키기 위해
> 무엇을 해야 하나요?

6. 다차원 풍요를 누려봐!

당신은 건강한 상태와 그렇지 못한 상태 중 어디에 초점을 맞추고 있나요?

건강한 상태일 때 감사함과 풍요로움을 느끼나요?

건강하지 못한 상태일 때 두려움, 걱정, 불안함을 느끼나요?

건강한 상태에 초점을 맞추어 건강을 관리하면 점점 더 건강해집니다. 건강하지 못한 상태, 피곤하거나 힘든 상태에 초점을 맞추어 질병을 걱정하거나 두려워하면, 불안하고 초조해지면서 점점 더 건강이 나빠집니다.

몸 정화, 긍정 확언하기

'그동안 내 몸을 잘 돌보지 못해서 미안합니다.'

'내 몸을 잘 돌보지 못한 나를 용서합니다.'

'내 몸을 사랑하지 못한 나를 용서합니다.'

'나는 내 몸을 있는 그대로 사랑합니다.'

'나는 내 몸에 감사합니다.'

'나는 내 몸을 존중합니다.'

'나는 내 몸에 주의를 기울입니다.'

'나는 내 몸이 말하는 메시지를 듣습니다.'

'나는 내 몸이 원하는 것을 듣습니다.'

'나는 내 몸을 건강하게 관리합니다.'

'나는 내 몸에 좋은 에너지가 흐르도록 허용합니다.'
'나의 몸은 점점 더 건강해집니다.'

내 세상은 어떤 색채일까?

우리는 살아가면서 자신에 대한 정서와 세상을 바라보는 정서를 갖게 됩니다.

세상에 감사한 마음을 느끼면, 실제로 감사한 상황을 더 잘 인식하면서 점점 더 감사한 마음으로 세상을 바라보게 됩니다. 세상이 불공평하다고 느껴지면, 불공평한 상황에 더 민감해지고 그러한 느낌이 점점 더 강화됩니다.

길을 가다가, 자신이 입은 것과 똑같은 옷이 눈에 더 잘 띄는 것과 비슷합니다.

자신의 정서와 비슷한 상황을 민감하게 인식하면서 그러한 느낌이 점점 더 강화됩니다.

우리는 세상에 대한 자신의 느낌대로 세상을 해석하고, 그러한
색채대로 세상을 살아갑니다.

(당신은 세상을 어떻게 느끼나요?)

세상이 풍요롭다고 느끼나요?
세상이 당신을 사랑한다고 느끼나요?
세상이 당신에게 친절하다고 느끼나요?
세상이 당신을 돌봐준다고 느끼나요?
세상이 당신을 힘들게 한다고 느끼나요?
세상이 공정하지 않다고 느끼나요?
……

우리는 자신에 대해 느끼는 색채에 따라 자신을 대합니다.

(당신은 자신을 어떻게 느끼나요?)

자신을 신뢰할 수 있는 존재로 느끼나요?
자신을 존중받아 마땅한 존재로 느끼나요?
자신을 사랑스러운 존재로 느끼나요?
자신을 행복한 존재로 느끼나요?
자신에 대해 불만스러운가요?

6. 다차원 풍요를 누려봐!

자신이 불행하다고 느끼나요?

......

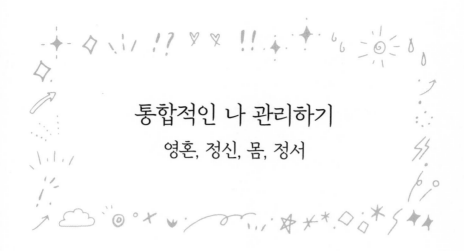

통합적인 나 관리하기
영혼, 정신, 몸, 정서

우리는 여러 측면에서 건강하고 풍요롭게 살아가길 원합니다.

그러기 위해서는 영적, 정신적, 신체적, 감정적, 정서적으로 자신을 돌보고 관리하며 성장해야 합니다.

영혼을 존중하고, 내면의 느낌을 따르는 연습을 해보세요. 당신이 무엇을 원하는지, 어떤 느낌이 드는지 자신에게 집중해보는 것입니다. 그리고 자신을 기만하는 순간을 알아차려 보세요.

정신과 육체가 건강하도록 관리해야 합니다. 자신을 힘들게 하는 생각은 진실이 아님을 알아차리고, 그 생각을 놓아버려야 합니다. 과도하게 애쓰거나 불평, 불만에 빠지는 순간을 알아차려 보세요. 충분한 수면, 휴식, 건강한 식단, 적절한 운동 등으로 건강을 관리하고 자신을 돌봐주세요.

자신의 감정을 '있는 그대로' 편안하게 수용해야 합니다. 남아 있는 감정을 정화해 보세요. 그리고 일상에서 감정적으로 반응하는 순간을 알아차려 보세요.

자신에 대해 평소 어떻게 느끼는지 인식해야 합니다. 긍정적으로 느끼는 순간을 알아차리고 그것에 감사해 보세요. 부정적으로 느끼는 순간을 알아차리고 정신을 차려 보세요.

자신을 이루고 있는 여러 영역에서 건강과 풍요를 가로막고 있는 믿음이나 패턴이 무엇인지에 대해 숙고해보세요.

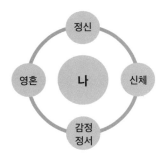

영혼

당신의 영혼은 건강한가요?
영혼의 건강을 가로막는 믿음이나 패턴은 무엇인가요?

이때 떠오르는 믿음이나 습관 등이 있다면, '인정하고 정화하기'를 해보세요.

만약 영혼의 느낌에 따라 해야 할 일이 있었는데 그것을 무시했다면, 다음처럼 말하면서 가슴을 톡톡톡 두드려주세요. 편안해질 때까지 이를 3번 이상 반복해주세요.

'나는 내 영혼의 느낌을 무시하는 내가 괜찮습니다.'

'나는 내 영혼의 느낌을 무시하는 나를 인정합니다.'

'나는 내 영혼의 느낌을 무시하는 나를 사랑합니다.'

'영혼의 느낌을 무시하는 나를 미워해서 미안합니다.'

'감사합니다.'

영혼을 존중하지 않으면, 영혼은 병들어갑니다. 자신의 영혼을 사랑하고 존중해주세요.

영혼이 원하고 풍요롭다고 느끼는 것에 초점을 맞추어보세요.

예를 들어 영혼이 공명하는 자동차가 있었는데, 사면 안 된다는 생각에 타협하여 다른 차로 구매한다면 그 차를 보거나 탈 때마다 풍요롭지 않을 것입니다. 반드시 비싼 것을 사야 하는 게 아닙니다. 영혼이 원하는 것이 있다는 것입니다. 반대로 공명하지도 않는데 허영심으로 비싼 자동차를 구매한다면, 그때에도 풍요롭지 않을 것입니다. 영혼이 진정으로 원하는 것을 선택하여 풍요를 누리세요.

만약 영혼이 원하고 풍요로움을 느끼도록 해주는 것을 무시했다면, 다음처럼 말하면서 가슴을 톡톡톡 두드려주세요.

'나는 내 영혼이 원하는 것을 무시하는 내가 괜찮습니다.'

'나는 내 영혼이 원하는 것을 무시하는 나를 인정합니다.'

'나는 내 영혼이 원하는 것을 무시하는 나를 사랑합니다.'

'내 영혼이 원하는 것을 무시하는 나를 미워해서 미안합니다.'

'감사합니다.'

그리고 일상에서 자신을 관찰해보세요. 당신은 영혼을 존중하나요? 아니면 무시하나요? 영혼을 무시하려는 순간을 알아차려보세요.

'아, 영혼이 원하는 것은 이거구나. 내가 이것을 무시하려는구나.'

만약 여유가 된다면, 영혼의 건강과 풍요를 가로막는 믿음이나 패턴에 대해 성찰해 보세요. 자신의 영혼을 치유하고 정화하는 시간을 가지면 좋습니다.

정신

> 당신의 정신은 건강한가요?
>
> 정신의 건강을 가로막는 믿음이나 패턴은 무엇인가요?

이때 떠오르는 믿음이나 습관 등이 있다면 '인정하고 정화하기' 를 해보세요.

예를 들어 어떤 상황에서 자꾸만 부정적인 생각들이 꼬리에 꼬리를 무는 습관이 있다면, 다음처럼 말하면서 가슴을 톡톡톡 두드려주세요.

'나는 부정적인 생각들을 하는 내가 괜찮습니다.'

'나는 부정적인 생각들을 하는 나를 인정합니다.'

'나는 부정적인 생각들을 하는 나를 사랑합니다.'

'부정적인 생각들을 하는 나를 미워해서 미안합니다.'

'감사합니다.'

> 당신의 정신은 풍요로운가요?
>
> 정신의 풍요를 가로막는 믿음이나 패턴은 무엇인가요?

예를 들어 평소에 불만이 많다면, 다음처럼 말하면서 가슴을 톡톡톡 두드려주세요.

'나는 불만이 많은 내가 괜찮습니다.'

'나는 불만이 많은 나를 인정합니다.'

'나는 불만이 많은 나를 사랑합니다.'

'불만이 많은 나를 미워해서 미안합니다.'

'감사합니다.'

그리고 일상에서 자신을 관찰해보세요. 부정적인 생각이 일어나고 불만을 토로하는 순간을 알아차려 보세요. 자신의 습관을 알아차리게 되면, 에고와 부정적인 생각이 힘을 잃게 됩니다.

몸

> 당신의 몸은 건강한가요?
> 몸의 건강을 가로막는 믿음이나 패턴은 무엇인가요?

이때 떠오르는 믿음이나 습관 등이 있다면 '인정하고 정화하기'를 해보세요.

예를 들어, 몸에 좋지 않은 음식들을 너무 많이 먹는다면, 다음처럼 말하면서 가슴을 톡톡톡 두드려주세요.

'나는 몸에 좋지 않은 음식들을 먹는 내가 괜찮습니다.'

'나는 몸에 좋지 않은 음식들을 먹는 나를 인정합니다.'

'나는 몸에 좋지 않은 음식들을 먹는 나를 사랑합니다.'

'몸에 좋지 않은 음식들을 먹는 나를 미워해서 미안합니다.'

'감사합니다.'

이것은 죄책감을 느끼거나 부끄럽게 여기려고 하는 것이 아닙니다. 어떠한 자신도 인정하고 수용하며 용서하고 사랑하는 과정입니다. 만약 '인정하고 정화하기'를 하면서 죄책감이나 수치심 등이 올라오면, 그것에 대해서도 정화해주세요.

음식을 많이 먹어도 채워지지 않는 허기가 있다면, 자신의 내면을 돌봐야 합니다. 내면의 공허함은 음식으로 채워지지 않습니다. 지친 마음을 위로하고, 자신에게 사과하고 용서하며 영혼을 존중하는 시간을 가지면 좋습니다.

> 당신의 몸은 풍요로운가요?
> 몸의 풍요를 가로막는 믿음이나 패턴은 무엇인가요?

예를 들어, 몸을 돌보지 않고 무리하고 있다면, 다음처럼 말하면서 가슴을 톡톡톡 두드려주세요.
'나는 몸을 돌보지 않는 내가 괜찮습니다.'
'나는 몸을 돌보지 않는 나를 인정합니다.'
'나는 몸을 돌보지 않는 나를 사랑합니다.'
'몸을 돌보지 않는 나를 미워해서 미안합니다.'
'감사합니다.'

우리는 외모가 중시되는 세상을 살고 있습니다. 그래서 자기도 모르게 자신의 외모나 몸매를 미워하는 순간이 있기도 합니다. 자신을 '있는 그대로' 수용하고 사랑해주세요.

그리고 일상에서 자신을 관찰해보세요. 공허함을 채우기 위해 음식을 과도하게 먹는 순간, 자신의 몸을 돌보지 않고 혹사하는 순간을 알아차려 보세요. 당신의 몸이 휴식할 수 있도록 허용해야 합니다.

감정

(당신의 감정 상태는 건강한가요?)

건강하지 못한 감정에 대해 인지하든 못하든, 그것에 대해 정화해주세요.

'사랑합니다. 미안합니다. 용서하세요. 감사합니다.'

(당신은 자신의 감정에 대해 편안한가요?)

자신의 감정에 대해 불편함을 인지하든 못하든, 그것에 대해 정화해주세요.

'사랑합니다. 미안합니다. 용서하세요. 감사합니다.'

그리고 일상에서 자신을 관찰해보세요. 자신의 감정에 대해 불편한 순간을 알아차려 보세요. 그리고 '있는 그대로'를 인정하고 정화해 보세요.

예를 들어 화나는 자신이 부끄럽게 느껴지는 순간에, 다음처럼 말하면서 가슴을 톡톡톡 두드려주세요.

'나는 화나는 나를 부끄럽게 느끼는 내가 괜찮습니다.'

'나는 화나는 나를 부끄럽게 느끼는 나를 인정합니다.'

'나는 화나는 나를 부끄럽게 느끼는 나를 사랑합니다.'

'화나는 나를 부끄럽게 느끼는 나를 미워해서 미안합니다.'

'감사합니다.'

정서

(당신의 정서는 건강한가요?)

자신에 대해 부정적으로 느껴지는 부분을 인지하든 못하든, 그것에 대해 정화해주세요.

'사랑합니다. 미안합니다. 용서하세요. 감사합니다.'

그리고 일상에서 자신을 관찰해보세요. 자신에 대해 부정적으로 반응하는 순간을 알아차려 보세요. 그리고 '있는 그대로'를 인정하고 정화해 보세요.

예를 들어 '나, 왜 이렇게 바보 같지? 왜 그랬어?'라는 생각이 드는 순간에, 다음처럼 말하면서 가슴을 톡톡톡 두드려주세요.

'나는 바보 같은 나를 미워하는 내가 괜찮습니다.'

'나는 바보 같은 나를 미워하는 나를 인정합니다.'
'나는 바보 같은 나를 미워하는 나를 사랑합니다.'
'바보 같은 나를 미워하는 나를 미워해서 미안합니다.'
'감사합니다.'

우리는 사느라 바빠서 자신을 제대로 돌보지 못합니다. 그렇게 나이를 먹으면, 삶이 점점 더 공허해지고 허무해질 수 있습니다. 살아가면서 자신을 잘 돌보면 좋겠습니다.

{ 당신의 진정한 내면의 풍요를 위해
해야 할 것은 무엇인가요? }

멘탈을 관리해야 인생이 달라진다

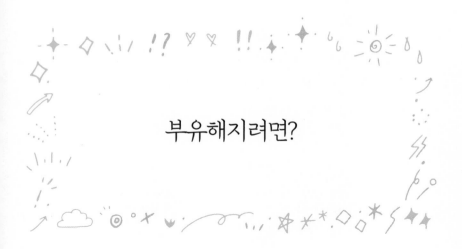

부유해지려면?

돈은 본래 가치 중립적입니다. 또한 가치를 주고받는 과정을 원활하게 해주는 교환 수단입니다.

우리가 돈에 어떤 의미를 부여하느냐에 따라 돈의 속성이 결정되어 현실로 드러납니다. 돈을 대하는 생각과 태도, 정서가 현실에 반영되는 것입니다. 그러면 자신의 내면이 반영된 현실을 보면서, '내 생각(느낌)이 역시 맞아' 하며 그 생각이나 느낌을 강화하게 됩니다. 그러한 상황은 계속 반복됩니다.

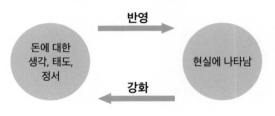

예를 들어 부자는 나쁘다는 생각, 돈 벌기가 어렵다는 생각, 궁핍해서 돈을 원망했던 기억, 돈의 결핍에 대한 두려움 등이 있는 상태로는 부유해지기 어렵습니다.

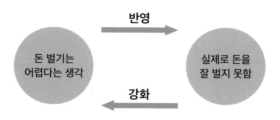

부유해지고 싶다면, 돈에 대한 자신의 태도, 생각, 믿음, 감정, 느낌 등을 들여다봐야 합니다. 그리고 돈에 대한 왜곡된 생각과 믿음을 내려놓고, 돈에 대한 부정적인 감정과 느낌은 정화해야 합니다.

'인정하고 정화하기'를 통해서 자신의 마음 상태를 수용하고 정화한 후, 돈에 대한 '긍정적인 생각'으로 바꿔주세요.

당신은 돈에 대해 어떻게 느끼나요?

감사한가요?

만족스러운가요?

불만스러운가요?

두려운가요?

……

돈에 대한 감정을 '있는 그대로' 인정하고 흘려보내 주세요.

당신은 돈을 통해 무엇을 느끼고 싶은가요?

우월감을 느끼길 원하나요?

인정받길 원하나요?

안정적이길 원하나요?

풍요롭길 원하나요?

자유롭길 원하나요?

……

우리는 물질세계를 살아가기에, 특히나 물질, 부, 돈에 대해 안 좋은 기억, 부정적인 감정 등이 어릴 때부터 많이 축적되어 있습니다. 돈에 대한 기억이나 느낌 등을 들여다보고 도움이 되지 않거나 왜곡된 것들은 비워내야 합니다. 만약 돈의 결핍에 대한 걱정, 두려움 등으로 돈을 추구하면, 결핍 상태에 계속 머무르게 됩니다.

당신은 돈의 풍요와 결핍 중 무엇에 초점을 맞추고 있나요?

돈을 쓸 때 풍요로움을 느끼나요?

돈이 나가는 것이 아깝다고 느끼나요?

풍요에 초점을 맞추면 돈이 잘 순환하여 점점 더 풍요로워집니다. 결핍에 초점을 맞추면 결핍에 대한 불안, 초조, 두려움 등이 더 커져서 점점 더 궁핍해집니다.

들어오는 돈에 감사하고 나가는 돈을 축복하면, 그것은 다시 돌

아옵니다. 자유와 풍요를 허용할 때 돈은 순환합니다. 돈이 있어
야 자유롭고 풍요로운 것이 아닙니다.

부에 대한 긍정 확언

'나는 부의 순환을 허용합니다.'

'나는 돈이 잘 흐르도록 열려 있습니다.'

'나는 돈을 기쁘게 맞이합니다.'

'나는 부의 확장을 허용합니다.'

'나는 점점 더 풍요로워집니다.'

'나는 물질적 풍요를 누릴 자격이 있습니다.'

'나는 점점 더 자유로워집니다.'

'나는 시간과 공간, 선택의 자유를 누릴 자격이 있습니다.'

"돈이란, 신용을 가시화한 것이다."

"자신의 그릇을 키워야 그에 맞는 큰돈이 들어온다."

《부자의 그릇》

당신은 돈을 무엇에 사용하나요?

가치 있는 것에 투자하나요? 단순히 소비하나요?

(당신에게 가치 있는 투자는 무엇인가요?)

가치 있는 배움인가요?

성장, 성숙의 기회인가요?

풍요를 느끼는 경험인가요?

부를 확장할 수 있는 투자인가요?

좋은 취지의 기부인가요?

……

당신의 가치를 높이면 그만큼 부는 따라오게 됩니다.

(당신은 어떤 가치를 실현하길 원하나요?)

어떤 분야의 전문가가 되고 싶은가요?

누군가의 문제해결을 돕고 싶은가요?

누군가의 고통, 아픔을 해소하여 행복하도록 돕고 싶은가요?

누군가의 가치 있는 성장을 돕고 싶은가요?

사람들의 삶의 질 향상에 기여하고 싶은가요?

사람들의 불편함을 해소하여 편리함을 주고 싶은가요?

어떤 것의 효율성을 높이고 싶은가요?

(당신의 가치를 실현하려면 무엇을 해야 하나요?)

어떤 관계를 원하는가?

우리는 건강하고 풍요로운 성숙한 관계를 원합니다. 열린 마음으로 사람들과 교류하며 사랑을 전할 때, 사랑의 에너지로 인해 내면이 풍요로워집니다. 좋은 사람들과 함께 즐거운 활동을 하거나 마음을 나눌 때 행복함을 느낄 수 있습니다.

인간관계에 대한 자신의 태도, 생각, 정서가 현실에 반영되어 나타납니다. 그러면 자신의 내면이 반영된 현실을 보면서 자신의 태도와 생각, 느낌을 강화하게 되고, 그러한 상황이 지속됩니다.

예를 들어, 좋은 사람을 만나기 어렵다는 생각, 사람들과 잘 지내기 힘들다는 생각, 가족을 원망했던 기억, 친구에게 상처받았던 고통, 외로움에 대한 두려움 등이 있는 상태로는 풍요로운 관계를 맺어가기 어렵습니다.

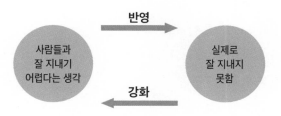

풍요로운 관계를 원한다면, 관계에 대한 태도, 생각, 믿음, 감정, 느낌 등을 들여다봐야 합니다. 그리고 관계에 대한 왜곡된 생각, 믿음을 내려놓고 부정적인 감정과 느낌은 정화해야 합니다.

3장의 '사람에 대해 정화하기', '용서하기', '내면 아이 치유하기' 등을 통해서 내면을 수용하고 치유하며 정화해 보세요.

당신의 인간관계에 대해 당신은 어떻게 느끼나요?

감사한가요?

만족스러운가요?

불만스러운가요?

걱정되나요?

……

관계에 대한 감정을 '있는 그대로' 인정하고 흘려보내 주세요.

당신은 관계를 통해 무엇을 느끼고 싶은가요?

사랑받길 원하나요?

진심을 느끼길 원하나요?

친밀함을 느끼길 원하나요?

격려와 지지를 원하나요?

안정감을 원하나요?

즐거움을 원하나요?

인정받길 원하나요?

우월감을 느끼길 원하나요?

외롭지 않길 원하나요?

……

물론 우리는 친밀한 관계가 필요합니다. 그러나 자신이 원하는 바를 누군가가 모두 채워주길 바라면, 그 관계는 힘들어집니다.

자신이 인간관계를 통해 얻고 싶은 것들을 스스로 해주세요.

만약 사랑받고 싶다면, 자신을 사랑해주세요.

만약 진심을 받고 싶다면, 자신을 진심으로 대해주세요.

자신을 격려하고 지지하며 스스로 인정해주면 됩니다.

스스로 풍요로워야 관계도 풍성할 수 있습니다. 스스로 영위하는 삶과 관계를 통한 삶이 조화로워야 합니다.

(당신은 어떤 인간관계를 원하나요?)

어떤 가족을 원하나요?

어떤 연인을 원하나요?

어떤 친구를 원하나요?

어떤 동료를 원하나요?

……

당신이 원하는 것을 상대에게 기대하지 말고, 순수하게 그들에게 해주세요. 그러면 그 에너지가 당신에게 다시 돌아오게 됩니다.

갈등은 왜 생길까요?

우리는 각자 독특한 존재입니다. 그래서 생각하거나 반응하는 방식, 가치관 등이 모두 다 다릅니다. 서로의 다름을 인정하고 존중할 때, 함께 잘 지낼 수 있습니다.

만약 다음과 같은 생각이 강하다면 갈등이 생기기 쉽습니다.

'이런 상황에서는 이렇게 해야지.'

'내가 맞고, 넌 틀렸어. 그러니 네가 바꿔.'

'가족이라면 이렇게 하는 게 당연한 거야.'

'친구라면 이렇게 해야지.'

'네가 나를 사랑한다면 이렇게 해줘야지.'

'이렇게 하지 않는 건 날 사랑하는 게 아니야.'

'내가 너에게 어떻게 했는데, 네가 어떻게 그럴 수 있어?'

……

자기 생각의 틀로 상대를 가두려고 하면, 함께 힘들어집니다.

신혼부부나 막 사귀기 시작하는 연인들이 흔히 빠지는 함정은 자신이 원하는 이상형의 모습대로 상대가 해주길 소망하는 것입니다.

'나의 배우자는 이런 사람이면 좋겠다.'

'나에게 이렇게 말해주면 좋겠다.'

'이럴 때 이렇게 해줬으면 좋겠다.'

'이것은 절대 안 했으면 좋겠다.'

……

　자신이 규정한 이상형에서 어긋나는 상대방의 모습을 볼 때마다, 상대를 고치려고 애쓰거나 자신이 불행하다고 여기는 경우가 많습니다. 그런데 애초에 나의 '이상형이라는 생각의 틀'은 그 사람이 아닙니다. 원래 그 사람은 자기 모습일 뿐인데, 자신이 원하는 모습이 아니거나 기대한 만족스러운 반응을 보이지 않으면, 삐지거나 화내거나 싸웁니다. 그 사람을 자신의 틀에 맞추려고 재단하면 함께 불행해집니다.

　부모와 자녀 관계 또한 마찬가지입니다.

'내 아이는 이러하면 좋겠다.'

'내 아이는 이런 사람이 되면 좋겠다.'

'내가 못다 이룬 꿈을 이 아이가 이루면 좋겠다.'

'공부도 잘하고 성격도 좋고 나에게 잘했으면 좋겠다.'

'의사가 되면 좋겠다.'

......

부모가 소망의 틀을 만들어서 자녀를 대하는 경우가 많습니다. 부모가 원하는 모습과 현실의 아이가 다르거나 기대에 못 미치면, 자학하거나 아이를 탓하기도 합니다. 또는 남들이 자신을 어떤 부모로 평가할까 두려워 아이를 다그치기도 합니다.

우리는 타인을 억지로 고칠 수 없습니다. 그저 타인을 바라보는 자신의 인식을 바꿀 수 있을 뿐입니다.

또한 그 누구도 타인의 기준에 맞추어 살 필요는 없습니다. 각자 자신으로 존재하도록 허용하는 관계일 때, 함께 잘 살아갈 수 있습니다.

만약 상대방이 자신에게 올바르지 않은 사람이거나 원치 않는 제안을 한다면 거절이 필요합니다. 그래야 삶의 질이 유지되고 평온할 수 있습니다.

사람들과 잘 지내려면?

사람들과 잘 지내려면 자신과 타인을 모두 존중해야 합니다. 누구나 존중받고 싶기에, 내가 먼저 존중하면 상대도 나를 존중해줍니다. 내가 진심으로 대하면 상대방도 마음을 엽니다.

당신은 사람들의 어떤 점에 초점을 맞추고 있는지 숙고해보세요.

예를 들어 어머니들이 학교에 상담하러 오시면, 갈등을 빚고 있는 사춘기 아들과 어떻게 잘 지낼 수 있는지 많이 물어보셨습니다.

"잘못할 때 혼내지 말고, 잘할 때 꼭 칭찬해주세요."

"저도 그러고 싶어요. 그런데 도통 잘하는 것이 없는데, 어떻게 칭찬해요?"

아무리 말썽꾸러기 아이들도 잘하는 순간이 있게 마련입니다. 정말 말썽꾸러기였는데, 체육대회 축구 예선 때 너무나 열정적으로 멋지게 경기를 하는 아이가 있었습니다. 저는 열정적으로 최선을 다하는 아이의 모습에 감동하여 칭찬해주었습니다. 그 아이는 그때부터 학교생활 전반에 걸쳐 달라지기 시작했습니다.

잘못하는 것에 초점을 맞추어 "네가 그럴 줄 알았어"라고 반응할 것인지, 잘하는 것에 초점을 맞추어 "너 열심히 하는구나. 멋져, 감동이야"라고 반응할 것인지에 따라 많은 것이 달라질 수 있습니다.

(당신은 상대방의 어떠한 점에 집중하나요?)

올바른 관계란 무엇일까요?

자기답게 살아갈 수 있도록 서로 존중하는 관계일 때, 관계가 오래 지속될 수 있습니다. 자신의 생각을 강요하거나 함부로 간섭하지 말고, 섣불리 상대를 판단하거나 비난하지 않아야 합니다.

'따로! 또 같이!' 하는 관계일 때, 만족감이 클 수 있습니다.

우리는 자신답게 사는 자유를 원하기도 하고, 누군가와 친밀하길 원하기도 합니다. 자유로움과 친밀함이 적절하게 조화를 이룰 때 좋은 관계를 유지할 수 있습니다.

개인의 시간과 영역이 존재함을 존중해주세요. 그리고 함께 하는 동안 감정적 유대감과 친밀함을 나누어보세요. 요즘 어떻게 지내는지, 무엇을 배우고 느끼는지 나누면 좋습니다. 서로의 생각, 느낌, 감정 등을 나누며 공감하면 됩니다. 만약 상대가 힘든 하루를 보냈다면, 마음을 따뜻하게 위로해 주세요. 서로의 존재에 대한 고마움을 나누면 좋습니다. 함께 할 수 있는 취미나 배움이 있다면 친밀해지기에 더욱 좋습니다.

서로 응원하고 지지하는 관계일 때, 함께 힘이 됩니다.

서로 존중하고 신뢰하며, 서로의 선택을 지지해줍니다. 그러나 일방적으로 의존하지는 말아야 합니다. 자신의 삶은 스스로 책임질 때 건강한 관계가 유지될 수 있습니다.

함께 성장하는 관계일 때, 관계가 점점 더 깊어집니다.

성숙한 사람일수록 관계 또한 성숙하기에, 각자 지혜로워지도

록 노력해야 합니다. 서로의 성장과 성숙을 지지해주며 돕는 관계
가 되면 좋습니다.

갈등이 생기거나 힘든 상황이 될 때, 자기 기만하지 말고 서로
탓하지 않아야 합니다. 각자 자신을 돌아보고 책임감 있는 성숙한
자세로 서로를 대할 때, 관계가 더 깊어집니다.

존중과 신뢰를 바탕으로 서로 지지해주며 함께 성장하는 관계
라면 좋겠습니다. 그러나 함께 노력하며 조율해나가는 것이지, 모
든 것을 다 만족시켜야 하는 것은 아닙니다. 그 생각 또한 서로의
감옥이 될 수 있습니다.

언젠가 마음공부를 함께 하는 부부를 만났습니다. 저는 홀로 마
음공부를 하던 터라, 함께 공부하면 좋은 점이 많아져서 좋겠다고
말하니, 마음공부를 하는 사람이라는 기대가 오히려 더 큰 실망을
주기도 한다는 말을 들었습니다.

기대를 내려놓고 '있는 그대로'를 존중할 때, 진정한 사랑이 피
어날 수 있습니다.

당신이 생각하는 올바른 관계란 무엇인가요?
올바른 관계를 위해 당신이 해야 할 것은 무엇인가요?

멘탈을 관리해야 인생이 달라진다

진짜 하고 싶은 일은 뭐야?

어릴 땐 대개 좋고 싫음이 나타납니다.

'나 이거 하고 싶어.'

'난 이게 좋아.'

'난 그거 싫어.'

장난감, 놀이, 책, 이야기, 노래, 춤, 운동, 관계 등을 통해서, 자기가 무엇을 좋아하는지 탐구하고 도전합니다.

그러나 언제부턴가 주변의 압박 속에 놓이기 시작합니다.

'누구네 아이는 벌써 걷는대.'

'누구네 아이는 벌써 한글을 안대.'

'누구네 아이는 벌써 영어를 시작했대.'

'누구네 아들은 1등 했대.'

'누구네 딸은 벌써 고등학교 수학을 시작했대.'

'누구네 아들은 영재고에 합격했대.'

'누구네 딸은 의대 합격했대.'

누구네 아들은 아이비리그 유학 갔대.'

'누구네 딸은 ○○기업에 취업했대.'

'누구네 사위는 엄청 부자래.'

'누구네 자식은 부모님 차를 사드렸대.'

'누구네 아파트는 ○○억이 올랐대.'

'누구는 주식으로 ○○억을 벌었대.'

이러한 주변 압박을 느끼며 그 기준을 달성하기 위해 살아간다면, 진정으로 행복하기 어렵습니다. 타인의 기준에 맞춘 삶은 너무나 쉽게 무너질 수 있습니다. 성취하지 못하면 낙담하며 자기혐오에 빠지기 쉽고, 자기보다 더 잘난 누군가가 나타나면 열등감에 사로잡힐 수 있기 때문입니다.

타인의 기준이 아닌, 자신의 삶의 기준을 만들어야 합니다. 모든 것은 자신으로부터 시작되어야 합니다.

교사 생활을 하면서 조기교육의 폐해를 정말 많이 보았습니다.

특히 중학생들과 함께 생활할 땐 힘들어하는 아이들을 많이 보았습니다. 아이들은 사랑이나 관심이 부족하다고 느낄 때, 자기 의사와는 상관없이 인생이 흘러갈 때 더 방황하거나 좌절하는 듯

합니다. 우리나라 교육은 명문대를 향해 치닫지만, 그 과정은 매우 길기에 동기부여 없이 끝까지 가기 어렵습니다.

줄탁동시! 아이도 준비가 되고, 부모나 교사도 안내해줄 준비가 되어 있다면 그때가 무엇인가를 시작할 때입니다. 아이의 발달 단계가 아직 오지 않았거나 아이가 원하지 않는다면, 어떤 시도는 오히려 독이 될 수 있습니다.

우리는 아이가 무엇을 좋아하거나 잘하는지에 초점을 맞춰야 합니다. 어릴 때부터 자신이 좋아하거나 잘하는 것들을 즐기면서 배워나갈 수 있는 환경을 조성해줘야 합니다. 자신이 좋아하는 것을 할 때 생기는 열정은 동기부여와 함께 큰 힘이 됩니다.

그러나 우리나라의 현실은 주로 이러합니다.

"대학 갈 때까지는 참아. 공부가 좋아서 하는 사람이 어디 있니? 좋은 대학만 가면 너 하고 싶은 것 해."

그러나 막상 대학을 가면 다시 취업 문이 기다립니다.

"좋은 직장에 취업만 해. 그러면 네 인생 피는 거야."

또 일정 나이가 되면, "좋은 사람 만나서 결혼해야지."

도대체 좋은 대학, 좋은 직장, 좋은 사람은 누구에게 좋은 걸까요? 아이가 이런 방식으로 고착되면, 자신이 어떤 사람인지, 무엇을 좋아하는지, 어떤 것을 할 때 진정으로 행복한지 잘 모르게 됩니다. 그러면 살다가 어느 순간 허무함이나 무기력감이 몰려올 수 있습니다.

우리는 자신을 탐구하고 이해하는 과정이 필요합니다.

자신이 무엇을 할 때 진정으로 기쁜지 진지하게 들여다보아야 합니다. 가치 있다고 느끼는 것이 무엇인지 숙고해보아야 합니다. 상상하는 것만으로도 너무나 행복한 일을 찾아보세요. 그리고 그것을 이루기 위해 무엇을 해야 하는지 실천해 보세요.

진정으로 원하는 것이 있고, 그것이 자신의 소명이라고 생각한다면, 한 걸음 한 걸음 기쁘고 감사한 마음으로 나아갈 수 있습니다.

저의 비전과 소명은 이러합니다.

'나답게, 성장하며 풍요롭게 살아가자!'

'사람들의 자기 이해와 내면 치유, 의식 성장, 풍요로운 삶에 공헌하자!'

당신의 소명은 무엇인가요?
당신의 소명을 이루기 위해 당신은 무엇을 해야 하나요?

만약 지금 어떤 일을 하고 있다면, 그 일을 할 때 어떤 감정을 느끼나요?

행복한가요?

만족스러운가요?

감사한가요?

하고 싶지 않나요?

힘든가요?

불행한가요?

......

지금 하는 일이 버겁게 느껴지면 잠시 쉬어가길 바랍니다. 그런데 현실적으로 쉼이 어렵다면, 틈틈이 스스로 돌봄의 시간을 가져보세요.

지금 하는 일이 진정으로 원하는 것이라면, 어떻게 성장해 나갈지 숙고해보세요. 자신의 에너지가 높아지는 만큼 삶이 풍요로워집니다. 그리고 진정으로 원하는 일을 하고 있음에 감사해 보세요.

진정으로 원하는 일을 찾고 싶다면, 지금 하는 일에 최선을 다하며 새로운 기회를 만들어 가세요.

좋아하거나 알고 싶은 분야의 책을 읽는 것부터 시작해 보세요. 책은 저자 인생의 경험, 통찰, 지혜와 지식 등이 녹아있기에, 많은 것을 배울 수 있습니다. 책을 읽는 것에서 그치면 남는 것이 거의 없습니다. 독서를 통해 한 가지라도 마음에 와닿거나 아이디어가 떠오른다면 자신의 삶에 꼭 적용해보세요. 작은 실천들이 모여 변화가 시작되면서 자기효능감이 높아지고 동기부여도 됩니다.

인터넷과 소셜 미디어의 발달로 원하는 시간에 원하는 정보를 찾고 알아보는 방법이 너무나 다양합니다.

해보고 싶은 체험이나 경험, 교육 등에 참여할 수도 있습니다.

새롭게 하고 싶은 일의 기반이 생길 때까지, 지금 하는 일에 감사해 보세요. 경제적으로도 감사한 일이고, 지금 하는 일이 무엇의 기반이 될지는 아무도 모릅니다. 지금 하는 일에 책임을 다할 때 성장, 성숙할 수 있고, 그것이 인생의 큰 자산이 됩니다.

저는 교사 생활을 하는 동안 끊임없이 배우고 실천하면서 저에게 맞는 것들을 찾았습니다. 새벽, 밤, 주말 등을 이용하여 좋아하거나 궁금한 분야의 책을 읽고 세미나, 교육 등에 참석하며, 그것들을 저의 것으로 만들었습니다. 제가 좋아하거나 궁금한 것들이었기에, 그것을 알아가는 것 자체가 감사하고 소중했습니다.
그리고 25여 년간을 배우고 체화한 것들을 이렇게 책으로 펴내며 1인 지식 기업가로 인생 2막을 살아가고 있습니다.
제가 좋아하는 것들을 배울 수 있고 그것들을 체화할 수 있는 학교라는 직장이 감사했습니다. 그리고 교사로서 최선을 다하며 정말 많이 성장하고 성숙할 수 있었습니다.

먼저 자신이 진정으로 원하고 좋아하는 일을 찾아보세요. 그리고 자신의 때가 올 때까지 묵묵히 준비해보세요. 그 준비 과정을 감사해하며 즐겨보세요.
그것을 통해 자아실현을 하고 성장하며 진정한 기쁨과 만족감을 느끼게 되면, 부 역시 따라오게 됩니다.

언제, 어디서, 누구와
편안하고 행복하니?

편안함과 행복감을 느끼고 힐링할 수 있는 때나 장소, 스타일
등은 사람마다 다 다릅니다.

새벽의 고요함을 사랑하는 사람.

밤의 영감으로 무언가를 창조하는 사람.

태양을 좋아하는 사람.

달빛과 별빛을 좋아하는 사람.

……

바다를 좋아하는 사람.

계곡을 좋아하는 사람.

산을 좋아하는 사람.

숲을 좋아하는 사람.

도심을 좋아하는 사람.

리버뷰를 좋아하는 사람.

시티뷰를 좋아하는 사람.

집 안에 있는 것이 편안한 사람.

돌아다니는 것이 활기찬 사람.

……

혼자 있는 것이 좋은 사람.

친한 몇몇 사람들과 어울리는 것이 좋은 사람.

많은 사람과 함께 있는 것이 좋은 사람.

……

당신은 어느 때, 어떤 장소에서 누구와 편안하고 행복한가요?

어떤 장소에서 어떠할 때 힐링 되나요?

{
당신이 생활하는 집, 방, 직장, 사무실 등에서
어느 정도 풍요로운가요?
}

저는 램프 가습기와 평온한 음악이 흐르는 환경에서 책을 쓰고 있습니다. 탁 트인 전망, 램프의 다양한 빛이 주는 아름다움, 음악의 풍성함, 적당한 온도와 습도 등이 풍요로움을 전해줍니다.

당신의 시·공간에 풍요로움을 더하려면,
무엇을 하면 될까요?

자신에게 풍요의 작은 선물을 해보세요. 그 풍요로움을 만끽해
보세요. ·

통합적인 내 세상 관리하기
부, 관계, 직업

    우리는 삶의 전반에 걸쳐 건강하고 풍요롭게 살아가길 원합니다. 그러기 위해서는 물질적, 관계적, 직업적, 환경적으로 관리하며 성장해야 합니다.

    세상에 대해 어떻게 느끼는지 인식해야 합니다. 긍정적으로 느끼는 순간을 알아차리고 그 순간에 감사해 보세요. 부정적으로 느끼는 순간을 알아차리고 정신을 차려 보세요.

    부와 자산을 잘 관리해야 합니다. 경제, 부, 부자 마인드, 투자, 자산 관리 등에 대해 배워보세요. 부에 대한 태도, 생각, 믿음, 감정, 느낌 등을 돌아보며 정화하고 긍정적인 변화를 선택하면 됩니다.

    올바른 사람과 함께 해야 합니다. 관계 안에서 자신을 기만하고

멘탈을 관리해야 인생이 달라진다

있지는 않은지 돌아보세요. 관계로 인한 '내면 아이'의 상처를 보듬어주고 치유하면 좋습니다.

자신이 진정으로 원하는 것을 찾아야 합니다. 자신의 소명을 이루기 위해 노력해야 합니다. 자신에게 올바른 일이 무엇인지 내면의 목소리에 귀 기울여보세요. 그리고 올바른 방식으로 성공을 향해 나아가면 됩니다. 자신의 재능과 풍요를 통해 공헌하면 좋습니다.

건강한 환경에서 살아가고, 풍요로운 환경이 되도록 가꾸어보세요.

자신의 세상을 이루고 있는 여러 영역에서 건강과 풍요를 가로막고 있는 믿음이나 패턴이 무엇인지에 대해 숙고해보세요.

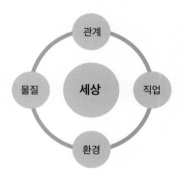

세상에 대한 정서

당신은 세상에 대해 어떻게 느끼나요?

세상에 대해 부정적으로 느끼는 부분을 인지하든 아니든, 그것에 대해 정화해주세요.

'사랑합니다. 미안합니다. 용서하세요. 감사합니다.'

그리고 세상에 대해 부정적으로 반응하는 순간을 알아차려 보세요.

예를 들어 '거봐, 세상은 나를 도와주지 않아'라는 생각이 드는 순간을 알아차려야 합니다.

'아, 지금 나는 세상이 나를 도와주지 않는다고 생각하는구나.'

그리고 다음처럼 말하면서 가슴을 톡톡톡 두드려주세요. 편안해질 때까지 이를 3번 이상 반복해주세요. 이때 '있는 그대로'를 인정하고 정화해야 합니다.

'세상이 도와주지 않는다고 원망하는 내가 괜찮습니다.'

'세상이 도와주지 않는다고 원망하는 나를 인정합니다.'

'세상이 도와주지 않는다고 원망하는 나를 사랑합니다.'

'세상이 도와주지 않는다고 원망하는 나를 미워해서 미안합니다.'

'감사합니다.'

또는 세상이 공정하지 않다고 느끼는 순간을 알아차려 보세요.

'아, 세상이 공정하지 않다고 느끼는구나.'

그리고 다음처럼 말하면서 가슴을 톡톡톡 두드려주세요.

'세상이 공정하지 않다고 느끼는 내가 괜찮습니다.'

'세상이 공정하지 않다고 느끼는 나를 인정합니다.'

'세상이 공정하지 않다고 느끼는 나를 사랑합니다.'
'세상이 공정하지 않다고 느끼는 나를 미워해서 미안합니다.'
'감사합니다.'

일상에서 자신을 관찰해보세요. 세상에 대한 불평, 불만이 생기는 순간을 알아차려 보세요. 그리고 이를 인정하고 정화해 보세요.
만약 여유가 된다면, 세상에 대한 부정적인 생각이나 믿음에 대해 성찰하고 내려놓아 보세요. 세상에 대한 감정과 느낌을 치유하고 정화하면 좋습니다.

물질, 부, 돈

> "돈을 벌거나 성공하려는 동기가
> 두려움, 분노, 자신을 증명해 보이려는 욕구처럼
> 비생산적인 뿌리에서 출발한 거라면,
> 당신의 돈은 행복을 가져다주지 못할 것이다."
>
> _하브 에커

어린 시절 부모님이나 주변 사람들의 돈을 대하는 태도, 정서, 믿음과 돈에 대해 들었던 말이 무의식적으로 많은 영향을 미칩니다. 우리는 돈에 대한 편견, 선입견 등 왜곡된 것들이 매우 많기에, 충분한 시간을 두어 성찰하고 정화할 필요가 있습니다.

어릴 때 보고 듣고 경험했던 돈을 다루는 태도나 방식은 그들의 것이었을 뿐, 그것이 당신의 것이 될 필요는 없습니다. 과거를 들여다보고 진실이 아니거나 도움이 되지 않는 생각, 믿음은 내려놓고, 부정적인 감정, 느낌 등은 정화하면 됩니다. 그리고 건강하고 긍정적인 새로운 태도와 느낌, 생각으로 바꾸어 주세요. 변화를 선택해 보세요.

(당신이 돈을 벌고 싶은 진짜 이유는 무엇인가요?)

당신은 돈을 벌고 싶은가요? 돈을 왜 벌고 싶은가요?

궁핍했던 과거를 원망하나요?

가난했던 과거에서 벗어나고 싶은가요?

필요한 돈을 벌지 못할까 봐 두려운가요?

미래가 궁핍해질까 봐 두려운가요?

돈을 잃을까 봐 두려운가요?

안정된 부를 원하나요?

부족한 사람일까 봐 두려운가요?

낙오자가 될까 봐 두려운가요?

스스로 잘난 사람임을 증명하고 싶은가요?

자신의 가치를 증명하고 싶은가요?

성공했다고 인정받고 싶은가요?

풍요로움을 느끼고 싶은가요?

자유로움을 느끼고 싶은가요?

행복함을 느끼고 싶은가요?

공헌하고 싶은가요?

……

어떤 이유에 더 공명하나요?

그 이유는 언제부터 왜 생겼나요?

돈을 벌려는 이유가 어린 시절 돈의 결핍으로 인한 부모님에 대한 원망이나 두려움 때문이라면, 돈을 벌기 어렵습니다. 설령 돈을 벌더라도 유지하기 어렵거나, 돈이 있더라도 행복하지 못합니다.

어린 시절 돈에 대해 부정적인 감정이 생겼던 때의 '내면 아이'를 만나, 그때의 상처를 따뜻하게 위로해 주세요.

만약 돈에 대해 떠오르는 감정, 느낌이 있다면, 이에 대해 '인정하고 정화하기'를 해보세요.

예를 들어 어린 시절 가난했던 부모님을 원망하는 마음이 남아 있다면, 다음처럼 말하면서 가슴을 톡톡톡 두드려주세요.

'나는 가난했던 부모님을 원망하는 내가 괜찮습니다.'

'나는 가난했던 부모님을 원망하는 나를 인정합니다.'

'나는 가난했던 부모님을 원망하는 나를 사랑합니다.'

'가난했던 부모님을 원망하는 나를 미워해서 미안합니다.'

'감사합니다.'

'내가 많은 돈을 감당할 수 있을까?'
'내 주제에 부자가 가당키나 해?'
'돈 때문에 힘들어.'
……

부자는 탐욕스럽다고 믿는다면, 당신은 탐욕스러운 사람이 되지 않기 위해 절대로 부자가 되지 못합니다. 부자가 되고 싶다고 욕망하더라도, 부자는 탐욕스럽다는 당신의 믿음이 부를 가로막습니다.

내면에 가지고 있는 돈에 대한 부정적인 생각, 믿음이 있다면 이에 대해 '인정하고 정화하기'를 해보세요.

다음처럼 말하면서 가슴을 톡톡톡 두드려주세요.

'나는 부자는 탐욕스럽다고 믿는 내가 괜찮습니다.'
'나는 부자는 탐욕스럽다고 믿는 나를 인정합니다.'
'나는 부자는 탐욕스럽다고 믿는 나를 사랑합니다.'
'나는 부자는 탐욕스럽다고 믿는 나를 미워해서 미안합니다.'
'감사합니다.'

만약 여유가 된다면, 언제부터 왜 그렇게 믿게 되었는지 더 깊이 들여다보면 좋습니다. 그리고 그 믿음은 진실이 아니라는 것을 성찰하고 내려놓으세요.

내면에 존재하는 돈이나 부, 부자, 물질적 풍요 등에 대한 부정
적인 생각, 믿음, 감정 등을 들여다보세요. 그리고 새로운 긍정적
인 생각들로 가꾸어보세요.

> 건강하고 풍요로운 부를 위해
> 당신이 해야 할 일은 무엇인가요?

만약 무엇을 해야 할지 잘 모르겠다면, 관련 분야의 좋은 책을
읽는 것부터 시작해 보세요. 부자의 속성이나 마인드셋, 수익 구
조화, 투자, 주식, 부동산, 마케팅 등 관심 있는 분야의 책을 읽어
보세요.

관계

> 타인은 나를 들여다보도록 하는 거울입니다.
> 우리는 타인을 통해 나를 봅니다.

어린 시절 부모님이나 주변 사람들과의 관계를 통해서 형성된
태도, 정서, 믿음 등이 무의식적으로 많은 영향을 미칩니다. 우리
는 관계에 대해 안 좋은 기억, 부정적인 감정, 상처 등이 어릴 때
부터 많이 축적되어 있습니다. 관계로 인한 상처, 편견, 선입견 등

왜곡된 것들은 충분한 성찰과 정화가 필요합니다.

결핍에 기반한 갈망은 그것을 채울 수 없다고 설정하는 것입니다. 그러면 결핍을 채우는 것이 삶에서 매우 중요해집니다. 어릴 적 채워지지 못한 결핍을 충족시키기 위한 관계를 갈망하면, 채워도 채워지지 않는 외로움과 허전함을 느끼게 됩니다.

어릴 때 사람들 앞에서 창피함과 무안함을 당한 후, 오래도록 위로받지 못한 누군가가 있습니다. 그래서 그는 어떤 상황에서도 무조건 자신의 편이 되어주는 친구나 연인을 원하게 됐습니다. 연인이 항상 자신을 지지해주어야 한다고 믿게 됐습니다. 이렇듯 결핍을 충족시키기 위한 관계는 연인이 자기편이 되어주지 않는 것처럼 느껴질 때, 상대를 원망하거나 스스로 불행하다고 여기며 힘들어할 수 있습니다. 연인이 자신의 의견에 동의해주지 않으면, 자신을 사랑하지 않는 것 같다는 생각에 견딜 수 없게 됩니다.

당신은 과거에 관계 안에서 어떤 상처가 있나요?
그 관계로부터 무엇을 원했나요?

상처받았던 그때로 돌아가 자신의 상처를 보듬어주세요. '내면 아이'를 돌봐주고, 그때의 감정을 충분히 느껴 흘려보내 주세요.

그때의 아이가 그 관계 안에서 원하던 것은 무엇이었나요?

그 아이가 진정으로 듣고 싶어 했던 말을 진심으로 전해주세요. 사랑을 전하면서 '내면 아이'를 회복시켜주세요.

그리고 편안해진 후에, 그때 어떠한 믿음이 생겼는지 숙고해보세요. 그것이 진실이 아님을 성찰해 보세요.

만약 관계에 대한 걱정, 불안, 초조함, 두려움 등을 가지고 관계를 맺어나가면, 그것들이 실현되는 삶을 끌어들이게 됩니다.
관계에 대해 떠오르는 감정이나 느낌이 있다면, 이에 대해 '인정하고 정화하기'를 해주세요.
예를 들어 어린 시절 자신을 통제했던 부모님을 원망하는 마음이 남아있다면, 다음처럼 말하면서 가슴을 톡톡톡 두드려주세요.
'나는 나를 통제했던 부모님을 원망하는 내가 괜찮습니다.'
'나는 나를 통제했던 부모님을 원망하는 나를 인정합니다.'
'나는 나를 통제했던 부모님을 원망하는 나를 사랑합니다.'
'나를 통제했던 부모님을 원망하는 나를 미워해서 미안합니다.'
'감사합니다.'
만약 여유가 된다면, 그때의 내가 진정으로 듣고 싶었던 말을 진심으로 전해주며 위로해 주세요. 그때의 내가 부모님께 하고 싶었던 말을 글로 쓰거나 말해보세요.
그리고 그때 생긴 생각이나 믿음이 무엇인지 들여다보세요. 그 믿음은 진실이 아니라는 것을 성찰하고 내려놓으세요.

예를 들어 나를 따돌려서 상처 주었던 친구를 미워하는 마음이 남아있다면, 다음처럼 말하면서 가슴을 톡톡톡 두드려주세요.

6. 다차원 풍요를 누려봐!

'나는 나를 따돌렸던 친구를 미워하는 내가 괜찮습니다.'

'나는 나를 따돌렸던 친구를 미워하는 나를 인정합니다.'

'나는 나를 따돌렸던 친구를 미워하는 나를 사랑합니다.'

'나를 따돌렸던 친구를 미워하는 나를 미워해서 미안합니다.'

'감사합니다.'

만약 여유가 된다면, 그때의 내가 진정으로 듣고 싶었던 말을 자신에게 진심으로 전해주며 위로해 주세요. 그때의 내가 친구에게 하고 싶었던 말을 글로 쓰거나 말해보세요.

그리고 그때 생긴 생각이나 믿음이 무엇인지 들여다보세요. 그 믿음은 진실이 아니라는 것을 성찰하고 내려놓으세요.

당신은 관계를 건강하게 대하나요?
관계에 대한 부정적인 생각이나 믿음은 무엇인가요?

예를 들어 나를 사랑해줄 사람이 없다고 믿는다면, 다음처럼 말하면서 가슴을 톡톡톡 두드려주세요.

'나는 나를 사랑해줄 사람이 없다고 믿는 내가 괜찮습니다.'

'나는 나를 사랑해줄 사람이 없다고 믿는 나를 인정합니다.'

'나는 나를 사랑해줄 사람이 없다고 믿는 나를 사랑합니다.'

'나는 나를 사랑해줄 사람이 없다고 믿는 나를 미워해서 미안합니다.'

'감사합니다.'

만약 여유가 된다면, 언제부터 왜 그렇게 믿게 되었는지 더 깊이 들여다보세요. 그리고 그 믿음은 진실이 아니라는 것을 성찰하고 내려놓으세요.

{ 건강하고 풍요로운 관계를 위해
   당신이 해야 할 일은 무엇인가요? }

자신의 소중한 관계를 건강하고 풍요롭게 만들기 위해, 자신이 해야 할 일을 해보세요.

만약 무엇을 해야 할지 잘 모르겠다면, 자신의 '내면 아이'를 주기적으로 만나 돌보며 사랑해주세요. 자신을 진정으로 사랑하면, 그 사랑이 주변에도 전해집니다.

그리고 주변 사람들을 진심으로 대하면, 사람들도 그 마음을 순수하게 받아줘서 관계가 좋아집니다.

직업, 성공

독특한 본성대로 살아가며 자신의 길을 걸어갈 때, 진정한 성공으로 이어집니다. 자신에게 올바른 것을 선택할 때, 성공의 길로 나아갈 수 있습니다.

(당신이 성공하고 싶은 진짜 이유는 무엇인가요?)

당신은 성공하고 싶은가요? 왜 성공하고 싶은가요?

괜찮은 사람임을 증명하고 싶은가요?

유능한 사람임을 증명하고 싶은가요?

돈을 많이 벌고 싶은가요?

풍족함을 원하나요?

실패자, 낙오자가 될까 봐 두려운가요?

가난을 벗어나고 싶은가요?

……

성공의 동기가 두려움, 분노, 원망, 존재 가치의 증명 욕구 등이라면, 성공하기 어렵습니다. 설령 성공하더라도, 유지하기 어렵거나 진정으로 행복하진 못합니다.

만약 성공에 대해 떠오르는 감정, 느낌이 있다면, 이에 대해 '인정하고 정화하기'를 해주세요.

예를 들어 낙오자가 될까 봐 두려운 마음이 있다면, 다음처럼 말하면서 가슴을 톡톡톡 두드려주세요.

'나는 낙오자가 될까 봐 두려워하는 내가 괜찮습니다.'

'나는 낙오자가 될까 봐 두려워하는 나를 인정합니다.'

'나는 낙오자가 될까 봐 두려워하는 나를 사랑합니다.'

'낙오자가 될까 봐 두려워하는 나를 미워해서 미안합니다.'

'감사합니다.'

그리고 어떤 생각을 진실이라고 믿고 있는지 들여다보세요. 그것은 진실이 아니라는 것을 성찰하고 내려놓으세요.

예를 들어 직장이 나를 힘들게 한다고 믿는다면, 다음처럼 말하면서 가슴을 톡톡톡 두드려주세요.

'나는 직장이 나를 힘들게 한다고 믿는 내가 괜찮습니다.'

'나는 직장이 나를 힘들게 한다고 믿는 나를 인정합니다.'

'나는 직장이 나를 힘들게 한다고 믿는 나를 사랑합니다.'

'직장이 나를 힘들게 한다고 믿는 나를 미워해서 미안합니다.'

'감사합니다.'

만약 여유가 된다면, 언제부터 왜 그렇게 믿게 되었는지 더 깊이 들여다보세요. 그리고 그 믿음은 진실이 아니라는 것을 성찰하고 내려놓으세요.

당신은 지금 하는 일을 왜 하나요?

성장하고 싶은가요?

나답게 살고 싶은가요?

만족스러운 삶을 살고 싶은가요?

기여하고 싶은가요?

자신의 가치를 증명하고 싶은가요?

괜찮은 사람임을 인정받고 싶은가요?

유능한 사람임을 인정받고 싶은가요?

돈을 벌고 싶은가요?

……

진정으로 원하는, 당신에게 올바른 일은 무엇인지 숙고해보
세요.

(당신이 남기고 싶은 '가치 있는 유산'은 무엇인가요?)

가치 있는 성장, 문제해결, 고통의 해소, 삶의 질 향상, 편의성,
효율성 높이기 등 무엇에 기여하고 싶은가요?

그것을 위해 어떤 준비를 해야 할지 숙고해보세요.

당신의 진정한 외적 풍요를 위해
해야 할 것은 무엇인가요?

다차원 풍요 관리하기

	영혼	정신	신체	감정	정서	물질부	관계	성공 직업	환경
건강 정도 (1~10)									
풍요 정도 (1~10)									
건강을 가로막는 믿음, 패턴은 무엇인가?									
풍요를 가로막는 믿음, 패턴은 무엇인가?									
현재 방치하고 있는 것은 무엇인가?									
건강, 풍요를 위해 해야 할 것은 무엇인가?									
정화하기	'나는 ~하는 내가 괜찮습니다.' '나는 ~하는 나를 인정합니다.' '나는 ~하는 나를 사랑합니다.' '~하는 나를 미워해서 미안합니다.' '감사합니다.'								

각 영역에 대하여 건강과 풍요의 정도를 수치로 체크해 보세요.

6장을 시작하면서 체크했던 풍요의 정도와 지금의 수치를 살펴 보세요.

당신의 풍요의 수준은 어떠한가요?
그것이 의미하는 것은 무엇인가요?

한 달에 한 번, '삶 정비하기'와 더불어서 '다차원 풍요 관리하기' 시간을 가져보세요.

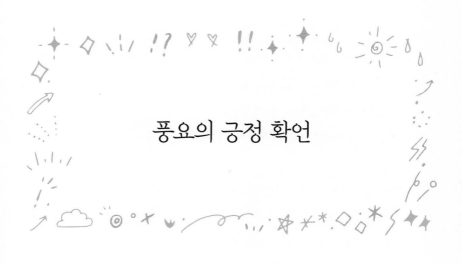

풍요의 긍정 확언

당신은 풍요로울 자격이 있습니다. 당신의 풍요를 허용하고 '긍정 확언'을 해보세요. 확언을 통해 삶이 그 방향으로 나아갈 수 있습니다.

나는 풍요의 문으로 들어갑니다!

나는 풍요를 사랑합니다.
나는 풍요를 환영합니다.
나는 풍요에 열려 있습니다.

나는 풍요의 흐름을 허용합니다.

나에게 풍요로움이 흐릅니다.
나는 풍요로울 자격이 있습니다.
풍요는 나에게 고마운 존재입니다.
나는 점점 더 풍요를 기쁘게 맞이합니다.

나는 삶의 모든 차원에서 풍요를 허용합니다.
나는 영적, 정신적, 신체적, 감정적, 정서적, 물질적, 관계적, 직업적, 환경적으로 점점 더 풍요롭습니다.

나는 세상의 풍요를 누립니다.
나는 풍요의 순간을 알아차립니다.
나는 풍요에 감사합니다.

삶의 긍정 확언
올바른 삶을 허용합니다.
나답게 살아갑니다.
모든 생명을 존중합니다.

삶의 모든 차원에서 깊고도 완전한 풍요를 허용합니다.
영적, 정신적, 신체적, 감정적, 정서적, 물질적, 관계적, 직업적, 환경적 차원 모두에서 풍요롭습니다.

내면의 목소리에 귀 기울입니다.
영혼이 기뻐하는 것을 합니다.
몸의 신호를 존중합니다.
진정성 있게 살아갑니다.

부를 허용합니다.
돈이 나에게 흐르기를 허용합니다.

올바른 관계를 허용합니다.
진정성 있고 성숙한 사람들과 연결됩니다.
소명대로 살아가며 공헌합니다.

매사에 감사합니다.
매 순간 모든 것을 사랑합니다.

(영혼에 공명하는 자신만의 '긍정 확언문'을 만들어 보세요.)

자신의 '긍정 확언'으로 하루를 맞이해 보세요.

건강하고 충만하고 평안하라!

우리는 내적, 외적 풍요로움 속에 살아갑니다.
내적 풍요를 느끼는 것이 먼저입니다.
감사함이 내적 풍요의 문을 열어줍니다.

세상을 신뢰하며 진정성 있게 살아갈 때, 영적 충만함과 정신적 평안함 안에 있게 됩니다.

영적, 정신적, 신체적, 감정적, 정서적으로 건강할 때, 세상이 긍정적으로 보이고 내적 풍요와 공명합니다.

내적으로 풍요로우면 외적인 풍요가 따라옵니다. 외적인 풍요에 매달리지 말고, 내적인 풍요를 먼저 가꾸어보세요. 누군가는 외적인 풍요로움 속에서도 내적으로 빈곤합니다.

멘탈을 관리해야 인생이 달라진다

사랑과 감사를 통해 건강하고 충만하고 평안하세요.
다차원 풍요를 누리세요.

7. 거울 세상

"내가 무엇을 믿고, 생각하고 말하든지 간에
우주는 항상 나에게 "예스(알았어)!"라고 말해준다."
_루이스 헤이

거울처럼 반영하는 세상

> "세상은 당신이 생각하는 대로 존재한다.
> 세상은 거울처럼 세상에 대한 당신의 태도를 되비춰준다."
> _바딤 젤란드

세상은 거울과 같습니다. 우리는 세상 속에서 자신의 내면세계와 공명하는 것을 봅니다.

물질적 현실은 자신의 내면을 반영합니다. 세상은 당신 안에 무엇이 있는지 현실로 보여줍니다. 내면세계의 생각, 태도, 정서가 외면세계의 관계, 부, 성공의 질을 결정합니다.

세상을 바라보고 받아들이는 방식에 따라 현실이 결정됩니다. 당신의 눈 앞에 펼쳐지는 현실은 자신의 내면이 만들어내는 세계입니다. 현재의 삶은 자신의 선택이고 자기 책임입니다.

세상은 당신이 무엇에 초점을 맞추고 있는지 현실로 보여줍니다.

세상을 대할 때 감사함에 초점을 맞추면, 감사한 상황에 더 민감해지게 됩니다. 세상에 대해 불만에 초점을 맞추면, 불만스럽고 불평하는 상황에 더 크게 반응하게 됩니다.

부와 풍요에 초점을 맞추면, 물질적 풍요로움을 느낄 수 있습니다. 부의 결핍에 초점을 맞추면, 결핍에 기반하여 욕망하게 되고 빈곤함을 느끼게 됩니다.

성공의 흐름에 초점을 맞추면, 성공하는 풍요로운 삶을 느낄 수 있습니다. 실패에 초점을 맞추면, 안 되는 것들에 더 크게 반응하면서 좌절하게 됩니다.

(당신은 무엇에 초점을 맞추고 있나요?)

타인은 자신의 거울과 같습니다. 우리는 타인을 통해서 자신을 확인합니다.

누군가가 마음에 들지 않거나 밉다면, 그것이 자신의 마음에 걸려있는 것입니다. 자신에게 그것이 있기에, 보이는 것입니다. 사실은 들키고 싶지 않은데, 상대로 인해 그것을 보게 되니 마음이 불편한 것입니다.

타인을 통해서 자신 안에 무엇이 있는지 알아차려 보세요.

'아, 나에게 이런 마음이 있구나.'

'아, 나에게 이런 생각이 있구나.'

외적 세계를 변화시키고 싶다면, 내적으로 변해야 합니다. 내적으로 건강하도록 관리하며 성장해 나갈 때, 만족스럽고 풍요로워질 수 있습니다.

내면을 반영하는 현실

내면 세계		
태도	생각	정서(감정, 느낌)

세상이라는 거울

외면 세계		
관계	부	성공

깨어나 자각하라!

깨어나라!
자신과 세상을 주시하라!
자신의 내면을 자각하라!
세상에 펼쳐지는 대로 자각하라!

당신은 잠들어 있습니다. 자신이 무슨 생각을 하는지, 무엇을 하는지 자각하지 못한 채, 늘 하던 대로 하고 있진 않나요? 그러면 늘 살던 대로 살게 됩니다.

잠에서 깨어나서 자신에게 일어나는 일들을 바라보세요.
당신은 무엇을 믿나요?

당신은 어떤 생각을 하나요?

당신에게 어떤 감정이 일어나나요?

당신은 어떤 기억을 잡고 있나요?

당신은 세상을 어떻게 바라보나요?

당신은 세상을 어떻게 받아들이고 해석하나요?

당신은 세상에 어떻게 반응하나요?

당신은 어떤 말을 하나요?

당신은 어떤 행동을 하나요?

습관적으로 어떻게 생각하고 말하고 행동하는지를 자각해보세요. 당신의 생각과 태도, 반응이 세상에 어떻게 펼쳐지는지 지켜보세요.

변화의 물결

세상은 마치 거울처럼 당신의 생각, 태도, 정서를 반영하여 보여줍니다.

만약 변화하고 싶다면, 당신의 내면을 바꾸어야 합니다. 새로운 생각과 태도로 달라져야 합니다. 새로운 인지 방식, 반응 방식, 행동 방식으로 변해야 합니다. 그리고 그것이 당신의 새로운 습관으로 정착할 때까지 인내하며 성실하게 노력해야 합니다.

새롭게 의도해보세요.

당신이 진정으로 원하는 삶을 순수하게 의도해보세요.

그러면 새로운 가능성이 열립니다. 당신 삶의 흐름이 변화하기 시작합니다. 당신에게 변화의 물결이 찾아옵니다.

멘탈을 관리해야 인생이 달라진다

{ 당신은 거울의 지배를 받나요?
거울의 원리를 통해 의도하나요? }

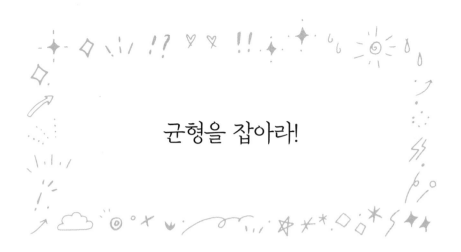

균형을 잡아라!

우리는 내면의 조화로운 상태를 원합니다. 건강하고 평온하며 진정으로 행복한 마음 상태를 유지하고 싶어 합니다.

그러나 자신의 생각대로 되지 않거나 원하지 않는 상황이 될 때, 균형을 잃고 휘청거리기 쉽습니다. 마음의 균형을 잃게 되면 상황이 더 나쁘게 흘러갑니다. 그러한 상황에 잘 대처하지 못하면 그 상황에 묶일 수 있습니다.

구불구불한 길을 운전할 때, 적절하게 핸들링을 해야 사고가 나지 않고 부드럽게 지나갑니다. 우리의 인생도 그러합니다. 직선 도로에서는 누구나 잘 직진합니다. 그러나 S자나 P자, C자 등의 상황으로 바뀌면 균형을 유지하는 연습이 한동안 필요합니다. 이때 '왜 S자 모양이 된 거야?'라고 화를 내거나 원망하는 태도는 문제해결에 도움 되지 않습니다. 그저 길의 생김에 맞게 균형을 잡으면서 핸들링하며 지나가면 됩니다.

우리는 세상을 초연하게 지켜보고 담담하게 지나가야 합니다.

타인과 비교하면서 자신을 비하하거나 미워하는 것, 상황에 불평하고 불만을 드러내는 것은 자신의 세계를 어둡게 물들입니다. 감정적으로 반응하는 순간을 알아차리고, 균형 잡는 연습을 해보세요.

우리는 마음의 힘을 빼고 살아가야 합니다.

자신이나 타인, 또는 무엇인가에 중요성을 부여하며 집착하면, 마음의 균형이 무너지고 삶이 힘들어집니다. 무엇에 집착하는지 알아차리고, 마음의 힘을 빼는 연습을 해보세요.

'아, 내가 ~에 집착하고 있구나.'

'아, 지금 내게 ~이 매우 중요하구나.'

우리는 자신의 상태와 현실을 '있는 그대로' 받아들여야 합니다.

분별하지 않을 때, 자신을 정당화하지 않을 때, 애쓰지 않을 때 평온할 수 있습니다.

'아, 지금 나는 이러하구나.'

'지금 나는 맞다, 틀리다, 분별하는구나.'

'지금 나는 나만 옳다고 주장하는구나.'

'지금 나는 애쓰고 있구나.'

'아, 지금 이런 일이 일어나는구나.'

초연하고 담담할 때, 무심할 때, 마음의 힘을 뺄 때, '있는 그대로'를 수용할 때, 마음이 조화롭고 평온할 수 있습니다.

(당신은 어떠한 상황에서 균형을 잃고 휘청거리나요?)

균형을 잃는 상황을 인식해 보세요. 문제가 발생할 때, 자신이 무엇의 균형을 잃고 휘청거리는지 관찰해보세요. 문제를 극복하려고 애쓰지 말고, 균형을 잃게 만드는 습관을 알아차리고 반응 방식을 바꾸어 보세요.

당신의 몸과 마음, 내면과 외면이 조화로울 때, 다차원 영역이 균형을 이룰 때, 당신은 평화롭고 풍요로울 수 있습니다.

당신과 주변 세상이 조화와 균형을 이룰 때, 삶이 편안해집니다. 일과 일상, 몰입과 휴식이 조화롭고 균형 잡힐 때, 지치지 않고 즐겁게 살아갈 수 있습니다.

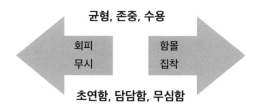

균형, 존중, 수용

회피
무시

함몰
집착

초연함, 담담함, 무심함

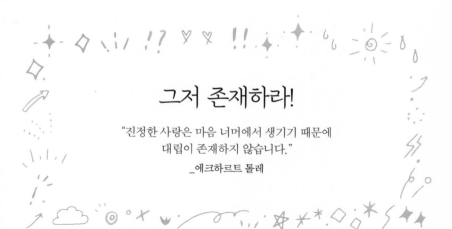

그저 존재하라!

"진정한 사랑은 마음 너머에서 생기기 때문에
대립이 존재하지 않습니다."

_에크하르트 톨레

자신을 '있는 그대로' 바라보라.
세상을 '있는 그대로' 바라보라.

감사함과 풍요를 느끼기 위해 어떤 상황을 미화하지 마라.
'있는 그대로' 감사하고 사랑하라.
현재의 풍요로움을 느끼라.

사람이나 상황을 괄시하거나 인색하게 대하지 마라.
그저 존중하고 베풀라.

사람이나 상황을 과대해석하거나 과소평가하지 마라.

그 자체로 인정하고, 자신으로 존재할 수 있는 자유를 허용하라.

자의식 과잉이나 자기비하에 빠지지 마라.
과도하게 집착하거나 애쓰지 마라.
분별하거나 감정적으로 반응하는 습관을 버리라.
깨끗한 마음을 유지하고 균형을 잡아라.

이 세상에 온 것을 감사하라.
그저 자신으로 존재하라.
배울 것을 배우고 경험할 것을 경험하라.

다시 용기 내어 도전하라!
한 번도 실패하지 않은 것처럼.

다시 용기 내어 도전하라!

한 번도 실패하지 않은 것처럼……

이것은 저에게 하는 말이자, 독자들에게 하는 말입니다.

무슨 일이 있었든, 어떤 일을 겪었든, 자신을 끝까지 포기하지 말고, 사랑하고 믿으세요. 자신을 '있는 그대로'의 존재로서 사랑하는 것이 진짜 사랑입니다. 타인과 세상에 대한 사랑은 그다음 일입니다.

자신을 믿고, 세상을 믿으세요.

자신을 사랑하세요. 한 번도 미워하지 않은 것처럼……

'있는 그대로' 마음껏 사랑해보세요.

정말 사랑했던 누군가를 떠나보내고 잊지 못해 방황하는 청춘이 있습니다. 그러면 또 다른 누군가를 사랑하게 될 때, '이 사람도 떠나면 어떡하지? 나를 사랑하지 않으면 어떡하지?' 하며 걱정하고 불안해질 수 있습니다. 그러나 진정으로 해야 할 일은 그저 그 사람을 사랑하는 것입니다. 모든 과거를 놓아주고, 그 사람을 온전하게 사랑하면 됩니다.

실패도 마찬가지입니다. 크게 실패하고 나면, 자신이 해내지 못하고 또 실패할까 봐 두려워집니다. 그러나 그 모든 것을 내려놓고, 다시 용기 내어 도전해보세요. 한 번도 실패하지 않은 것처럼⋯⋯

모든 경험은 인생의 밑거름이 되어 자신의 때에 꽃을 피우게 될 것입니다.

책을 시작하면서 다음의 질문을 한 적이 있습니다. 다시 한번 숙고해보세요.

(이 책을 통해서 당신이 얻고 싶은 것은 무엇인가요?)

멘탈을 관리해야 인생이 달라진다

책을 읽고 마음에 와닿았거나 실천해 보고 싶은 것이 있다면, 한 가지라도 꼭 삶에 적용해보세요. 실천하고 도전할 때 변화가 시작됩니다.

당신이 건강하고 평안하며 풍요롭길 기원합니다.

내면의 사랑과 평화로부터
루나 올림

참고 자료

도서

마이클 A. 싱어 지음, 이균형 옮김,《상처받지 않는 영혼》, 라이팅하우스, 2014.

데이비드 호킨스 지음, 백영미 옮김,《호모 스피리투스》, 판미동, 2009.

에크하르트 톨레 지음, 노혜숙 · 유영일 옮김,《지금 이 순간을 살아라》, 양문, 2008.

조 비테일 · 이하레아카라 휴 렌 지음, 황소연 옮김,《호오포노포노의 비밀》, 판미동, 2011.

조 비테일 지음, 편기욱 옮김,《미라클!》 우현북스, 2018.

루이스 L. 헤이 지음, 박선령 옮김,《하루 한 장 마음챙김》, 니들북, 2021.

루이스 L. 헤이 지음, 엄남미 옮김,《루이스 헤이의 명상록》, 케이미라클모닝, 2022.

바이런 케이티 지음, 김윤 옮김,《네 가지 질문》, 침묵의향기, 2013.

아빈저연구소 지음, 서상태 옮김,《상자 밖에 있는 사람》, 위즈덤아카데미, 2016.

바딤 젤란드 지음, 박인수 옮김,《리얼리티 트랜서핑1》, 정신세계사, 2009.

바딤 젤란드 지음, 박인수 옮김,《트랜서핑 타로카드》, 정신세계사, 2009.

카밀로,《당신의 현실에는 이유가 있습니다》, 정신세계사, 2022.

폴 박,《인간 메커니즘》, 북랩, 2016.

그렉 브레이든 지음, 황소연 옮김,《힐링 라이프》, 굿모닝미디어, 2012.

지두 크리슈나무르티 지음, 권동수 옮김,《자기로부터의 혁명1》, 범우사, 1999.

웨인 다이어 지음, 이한이 옮김,《인생의 태도》, 더퀘스트, 2020.

법상,《도표로 읽는 불교 교리》, 민족사, 2020.

존 브래드쇼 지음, 오제은 옮김,《상처받은 내면아이 치유》, 학지사, 2004.

레몬심리 지음, 박영란 옮김,《기분이 태도가 되지 않게》, 갤리온, 2020.

이나라,《내가 날 사랑할 수 있을까?》, 인간사랑, 2022.

윤대현,《잠깐 머리 좀 식히고 오겠습니다》, 해냄, 2018.

최인원,《5분의 기적 EFT》, 김영사, 2017.

이즈미 마사토 지음, 김윤수 옮김,《부자의 그릇》, 다산북스, 2020.

하브 에커 지음, 나선숙 옮김,《백만장자 시크릿》, 알에이치코리아, 2008.

시청각 자료

SBS 〈괜찮아, 사랑이야〉 15회

채널A 〈오은영의 금쪽 상담소〉 65회

MBN 〈엄지의 제왕〉 147회, 스트레스를 받을 때는 이렇게 해야 한다!

〈세바시〉 1224회, 리사 손, 내 안의 가능성을 끌어내는 메타인지의 비밀

기타

국가정신건강정보포털, http://www.mentalhealth.go.kr

fly그룹, https://cafe.naver.com/mastercoach

'있는 그대로'를 받아들이는 평온함을 주시고,
모든 것이 사랑임을 아는 지혜를 주시고,
매사에 감사하는 겸손함을 주소서!

_루나

멘탈을 관리해야 인생이 달라진다

초판 1쇄 인쇄 2023년 4월 26일
초판 1쇄 발행 2023년 5월 3일

지은이 루나
펴낸곳 굿모닝미디어
펴낸이 이병우

출판등록 2023년 3월 29일 등록번호 제2023-000045호
주소 수원시 팔달구 덕영대로697번길 17, 205-1호(그린프라자)
전화 02) 3141-8609
팩스 02) 6442-6185
전자우편 goodmanpb@naver.com

ISBN 979-11-981417-0-5 03190